もくじ

東京書籍版 英語 **1**年

音声を web サイトよりダウンロードする
ときのパスワードは『**73WPU**』です。

この本のページ

学習計画	
出題範囲	学習予定日

🖋 **解答と解説** ………………………………… 別冊

🖋 **ふろく** テストに出る！ **5分間攻略ブック** ………… 別冊

Welcome to Junior High School

テストに出る! ココが要点&チェック!

あいさつ・さまざまな英語表現 / アルファベット　教 p.4〜p.8

1 あいさつ (1)

自分の名前を言うときは，I'm 〜.や My name is 〜.を使う。名前をたずねるときは What's your name?，初対面のあいさつは，Nice to meet you.と言う。

名前の言い方・答え方

I'm Asada Shota.
What's your name? — My name is Sato Kana.

ぼくは浅田ショウタです。
あなたの名前は何ですか。
— 私の名前は佐藤カナです。

初対面のあいさつ　Nice to meet you.
　　　　　　　 — Nice to meet you, too.

はじめまして。

— こちらこそ，はじめまして。

2 好きなもののたずね方・答え方 (2)

「あなたは何の[どんな]〜が好きですか」は What 〜 do you like? で表す。「〜」には food(食べ物)，color(色)，sport(スポーツ)などを置く。答えるときは I like 〜.で表す。

What food do you like? — I like curry and rice.
「何の」　└color, sport など

あなたはどんな食べ物が好きですか。
— 私はカレーライスが好きです。

3 「〜(することが)できる」「〜したい」の言い方 (3)(4)

「〜(することが)できる」は can 〜で表す。「〜したい」は want to 〜で表す。「〜」には動作や状態を表す言葉(一般動詞)や be(am, is, are のもとの形)を置く。

I can swim fast. I want to join the swimming team.
「〜できる」└一般動詞, be　「〜したい」└一般動詞, be

私は速く泳ぐことができます。
私は水泳部に入りたいです。

4 アルファベット (5)〜(10)

英語のアルファベットは，大文字・小文字が 26 字ずつ。小文字は高さに注意する。

大文字
ABCDEFGHIJKLMNOPQRSTUVWXYZ

小文字
abcdefghijklmnopqrstuvwxyz

★チェック!　(1)〜(4)は( )内から適するものを選びなさい。(5)〜(10)は大文字は小文字を，小文字は大文字を書きなさい。

1 □ (1) (Nice to meet you. / Make groups of four.)　　はじめまして。

2 □ (2) (What's your name? / What food do you like?)　　あなたはどんな食べ物が好きですか。

3 □ (3) I (can / want to) dance well.　　私はじょうずにおどることができます。
　　□ (4) I (can / want to) run.　　私は走りたいです。

4 □ (5) b ＿＿　□ (6) D ＿＿　□ (7) g ＿＿　□ (8) q ＿＿　□ (9) R ＿＿　□ (10) Y ＿＿

★チェック! の答えは次ページ ⟳

テストに出る!

5分間攻略ブック

東京書籍版

英語
1年

教科書の重要文,
重要語句をまとめました

文法のポイントをマスター

重要語句の音声付き
←音声はこちらから

赤シートを
活用しよう!

テスト前に最後のチェック!
休み時間にも使えるよ♪

「5分間攻略ブック」は取りはずして使用できます。

重要文

☑ I am Meg Brown. 　　　　　　　　私はメグ・ブラウンです。
☑ I like Japanese food. 　　　　　　私は日本食が好きです。
☑ Are you from Sydney? 　　　　　　あなたはシドニー出身ですか。
☑ — Yes, I am. 　　　　　　　　　　— はい，そうです。
☑ 　 No, I am not. 　　　　　　　　　いいえ，ちがいます。
☑ Do you play cricket? 　　　　　　あなたはクリケットをしますか。
☑ — Yes, I do. 　　　　　　　　　　— はい，します。
☑ 　 No, I do not. 　　　　　　　　　いいえ，しません。
☑ 　 I do not play cricket. 　　　　　私はクリケットをしません。
☑ I can read *hiragana*. 　　　　　　私はひらがなを読むことができます。
☑ I cannot read kanji. 　　　　　　　私は漢字を読むことができません。
☑ Can you read kanji? 　　　　　　　あなたは漢字を読むことができますか。
☑ — Yes, I can. 　　　　　　　　　　— はい，読めます。
☑ 　 No, I cannot. 　　　　　　　　　いいえ，読めません。

重要単語・表現

♪ b01

Unit 1	
☑ Australia	オーストラリア
☑ call	～を(…と)呼ぶ，名づける
☑ often	しばしば，よく
☑ Call me ～.	私を～と呼んでください。
☑ cricket	クリケット
☑ fan	ファン
☑ just	ただ～だけ，ほんの，ちょっと
☑ so	だから，それで，では
☑ How about ～?	～についてはどうですか。
☑ a little	少し

☑ but	しかし，けれども
☑ cannot	～できない
☑ every	毎～，～ごとに
☑ every day	毎日
☑ there	そこに[で，へ]
☑ Me, too.	私も。
☑ Thank you.	ありがとう。

ココをチェック！

☑「私は～です」　　　　I am ～ .
☑「私は～が好きです」　I like ～ .
☑「あなたは～ですか」　Are you ～ ?
☑「あなたは～しますか」　Do you ～ ?
☑「私は～しません」　I do not[don't] ～ .
☑「私は～できます」　I can ～ .

Unit 2

教科書
p.19~p.25

重要文

☑ This is Kaito. <u>He is</u> in Class 1B.	こちらは海斗(かいと)です。彼(かれ)は1年B組です。
☑ <u>He is not</u> in Class 1A.	彼は1年A組ではありません。
☑ <u>This is</u> Ms. Cook.　<u>She is</u> our teacher.	こちらはクック先生です。彼女(かのじょ)は私たちの先生です。
☑ <u>She is not</u> from Australia.	彼女はオーストラリア出身ではありません。
☑ <u>Is that</u> a fish market?	あれは魚市場(うおいちば)ですか。
☑ ― Yes, <u>it is</u>.	― はい，そうです。
☑　　No, <u>it is not</u>.	いいえ，ちがいます。
☑ <u>What</u> is this?	これは何ですか。
☑ ― <u>It is</u> the symbol for "school."	― それは「学校」の記号です。
☑ <u>Who</u> is that?	あちらはだれですか。
☑ ― <u>That is</u> Josh.	― あちらはジョシュです。
☑ <u>How</u> do you come to school?	あなたはどのように学校に来ますか。
☑ ― I <u>walk to</u> school.	― 私は歩いて学校に来ます。
☑ <u>What</u> do you have for breakfast?	あなたは朝食に何を食べますか。
☑ ― <u>I have</u> toast.	― 私はトーストを食べます。

重要単語・表現

♪ b02

Unit 2

☑ America	アメリカ合衆国
☑ crowded	こみ合った，満員の
☑ **market**	市場
☑ **popular**	人気のある
☑ **wow**	うわあ，わあ
☑ Nice to meet you.	はじめまして。
☑ **area**	区域，場所，地域
☑ **picnic**	ピクニック，遠足
☑ symbol	シンボル，象徴，記号
☑ Good morning.	おはようございます。
☑ I see.	なるほど。わかった。
☑ **also**	～もまた，そのうえ
☑ **an**	1つの，1人の

☑ **around**	～の近くに
☑ **come**	来る，行く，巡ってくる
☑ **sound**	～に聞こえる，思える
☑ toast	トースト
☑ yogurt	ヨーグルト
☑ How about you?	あなたはどうですか。
☑ Sounds ～ .	～そうですね。

ココをチェック！

☑「これ[こちら]は～です」	<u>This is ～ .</u>
☑「あれ[あちら]は～です」	<u>That is ～ .</u>
☑「彼[彼女]は～です」	<u>He[She] is ～ .</u>
☑「何」 <u>what</u>	☑「だれ」 <u>who</u>
☑「どのようにして」 <u>how</u>	

重要文

☑ Where do you practice?　　あなたたちはどこで練習しますか。

☑ — We practice in the music room.　　— 私たちは音楽室で練習します。

☑ Where is Midori Hall?　　緑ホールはどこですか。

☑ — It is near the station.　　— それは駅の近くです。

☑ When is the next concert?　　次のコンサートはいつですか。

☑ — It is on July 5.　　— 7月5日です。

☑ I want to win the game.　　私は試合に勝ちたいです。

☑ I want to be a good soccer player.　　私はよいサッカー選手になりたいです。

☑ How many rackets do you have?　　あなたは何本のラケットを持っていますか。

☑ — I have two rackets.　　— 私は2本のラケットを持っています。

重要単語・表現　　♪ b03

Unit 3			
			～を連れてくる
☑ **activity**	活動	☑ **coach**	コーチ
☑ **before**	～の前に[の]	☑ **man**	男性，男の人
☑ **brass band**	ブラスバンド，吹奏楽団	☑ men	man の複数形
☑ **concert**	演奏会，コンサート	☑ **off**	休んで
☑ **fifth**	5日，5番め(の)	☑ **shoe**	くつ
☑ **hall**	会館，ホール	☑ **they**	彼らは[が]，彼女らは[が]，
☑ **near**	～の近くに[で]		それらは[が]
☑ **next**	次の，今度の，となりの	☑ **those**	あれらの，それらの
☑ **excited**	わくわくした	☑ **towel**	タオル，手拭い
☑ someday	いつか	☑ **week**	週，1週間
☑ **today**	今日(は)，現在(では)	☑ **woman**	女性，女の人
☑ **win**	～に勝つ	☑ women	woman の複数形
☑ Good luck.	幸運を祈ります。		
	がんばって。		
☑ How are you?	お元気ですか。		
	調子はどうですか。		
☑ **bottle**	びん，ボトル		
☑ **bring**	(…に)～を持ってくる，		

ココをチェック！

☑ 「～したい」　　want to ～

☑ 「～になりたい」　　want to be ～

☑ 「どこに」　where　☑ 「いつ」　when

☑ 「どれくらい多くの」　how many ～

Unit 4

重要文

☑Come to the front.	前に来なさい。
☑Be brave.	勇気を出して。
☑Don't worry.	心配しないで。
☑What time is it?	何時ですか。
☑—It is noon. / It is twelve（o'clock）.	— 正午です。 ／ 12時です。
☑What time do you have lunch?	あなたたちは昼食を何時に食べますか。
☑— At one. / We have lunch at one.	— 1時です。／私たちは1時に昼食を食べます。
☑What animals can we see in New Zealand?	私たちはニュージーランドでどんな動物を見ることができますか。
☑— You can see sheep and kiwis.	— あなたたちはヒツジとキーウィを見ることができます。
☑What sport do you like?	あなたは何のスポーツが好きですか。
☑— I like netball.	— 私はネットボールが好きです。

重要単語・表現

♪b04

Unit 4			
☑New Zealand	ニュージーランド	☑some	いくつかの，いくらかの，少しの
☑enjoy oneself	楽しむ，楽しく過ごす	☑kiwi	キーウィ[動物名]，キウイフルーツ
☑**front**	前，正面		
☑nervous	緊張して	☑like	圃〜のような[に]，〜に似た，〜らしい
☑**worry**	心配する，悩む		
☑**yourself**	あなた自身を[に]	☑mean	〜を意味する，〜のことを言う
☑**after**	〜のあとに[で]		
☑a.m. ⇔☑p.m.	午前⇔午後	☑national	国の，国家の
☑**break**	休憩	☑right	正しい，正確な
☑**during**	〜の間ずっと，〜の間に	☑round	丸い，球形の
☑**noon**	正午，真昼		
☑**now**	今，現在は，今すぐ	**ココをチェック！**	
☑**o'clock**	〜時	☑「〜してください」〈動詞の原形〜 .〉	
☑**or**	〜かまたは…，〜や…	☑「〜をしないでください」	
☑**period**	(授業の)時間，時限	〈Don't ＋動詞の原形〜 .〉	

Unit 5 ～ Stage Activity 1

教科書
p.47～p.55

重要文

☑ Meg is <u>by</u> the bench.　　　　　　　メグはベンチ<u>のそばに</u>います。

☑ Look at the bench <u>under</u> the tree.　木<u>の下の</u>ベンチを見なさい。

☑ Look at the people <u>on</u> the stage.　舞台<u>上の</u>人々を見なさい。

☑ I like <u>dancing</u>.　　　　　　　　　　私は<u>おどること</u>が好きです。

☑ I am good at <u>dancing</u>.　　　　　　私は<u>おどること</u>が得意です。

☑ I <u>went</u> to the summer festival yesterday.　私は昨日夏祭りに<u>行きました</u>。

重要単語・表現　　　　　　　　　　　　　♪ b05

┃ Unit 5

☑ bench	ベンチ
☑ **hair**	髪
☑ jog	ゆっくり走る，ジョギングする
☑ look at	～を見る
☑ **over**	向こうへ，あちらへ，こちらへ
☑ over there	あそこに，あちらでは，向こうでは
☑ **people**	人々
☑ pond	池
☑ **quiet**	静かな
☑ stage	舞台，ステージ
☑ be good at	～がじょうずだ，得意だ
☑ **dancing**	おどり，ダンス
☑ **idea**	考え，アイディア
☑ **need**	～を必要とする
☑ **shy**	内気な，恥ずかしがりの
☑ **something**	何か，あるもの
☑ thirsty	のどのかわいた
☑ Come on.	さあ。がんばれ。

☑ No, thank you.	いいえ，けっこうです。
☑ Thanks.	ありがとう。
☑ **ate**	eat の過去形
☑ **candy**	キャンディー，砂糖菓子
☑ **end**	終わり，最後
☑ **had**	have の過去形
☑ have a ～ time	～な時を過ごす
☑ **lot**	たくさん
☑ **lots of**	たくさんの，多数の
☑ **saw**	see の過去形
☑ **went**	go の過去形
☑ **yesterday**	昨日（は）

┃ Stage Activity 1

☑ **age**	年齢
☑ comic	マンガ
☑ **movie**	映画
☑ **other**	別の人[もの]，ほかの人[もの]
☑ **poster**	ポスター，広告
☑ stadium	スタジアム，競技場
☑ starter	先発メンバー
☑ **tell**	～に(…を)話す，教える

重要文

☑ Takuya <u>lives</u> in Cebu. 卓也はセブに<u>住んでいます</u>。
☑ Takuya <u>does not write</u> a blog. 卓也はブログを<u>書きません</u>。
☑ <u>Does</u> Takuya <u>like</u> Filipino food<u>?</u> 卓也はフィリピン料理が<u>好きですか</u>。
☑ — Yes, he <u>does</u>. / No, he <u>does not</u>. — はい, <u>好きです</u>。／いいえ, <u>好きではありません</u>。
☑ <u>Can I</u> turn on the fan<u>?</u> — Sure. 扇風機をつけ<u>てもよいですか</u>。— もちろん。
☑ <u>Can you</u> help me<u>?</u> — All right. 手伝っ<u>てくれますか</u>。— わかった。

重要単語・表現

♪ b06

Unit 6		very much	とても, たいへん
☑ Asian	アジア(人)の	☑ waterproof	防水の
☑ dive	もぐる, ダイビングをする	☑ and so on	～など
☑ diving	潜水, ダイビング	☑ any	疑 いくらかの, 何らかの
☑ go ～ ing	～しに行く	☑ anyone	疑否 だれか,
☑ **has**	have の三人称単数現在形		だれも(～ない)
☑ **his**	彼の	☑ mix	混合
☑ **language**	言語, 言葉	☑ **question**	質問
☑ scuba diving	スキューバダイビング	Let's Talk 1	
☑ **student**	学生, 生徒	☑ **borrow**	～を借りる
☑ weekday	平日	☑ **door**	ドア, 戸
☑ **weekend**	週末	☑ help ～ with …	～を…の面で手伝う
☑ ～ year(s) old	～歳, 創立～年	☑ **moment**	瞬間, ちょっとの間
☑ a lot of ～	たくさんの, 多数の	☑ **open**	(～を)開く, あく, あける
☑ blog	ブログ	☑ **problem**	問題
☑ **camera**	カメラ	☑ **sure**	もちろん, いいとも
☑ comment	批評, コメント	☑ turn on	(スイッチ)を入れる,
☑ **local**	(ある)地方の, 地元の		つける
☑ post	(インターネットで情報	☑ All right.	よろしい。わかった。
	など)を掲示する	☑ Just a moment.	ちょっと待って。
☑ **spot**	地点, 場所	☑ No problem.	いいですよ。もちろん。

重要文

☐ That is Kaito. Do you know <u>him</u>? あちらは海斗です。あなたは<u>彼を</u>知っていますか。

☐ That is Meg. Do you know <u>her</u>? あちらはメグです。あなたは<u>彼女を</u>知っていますか。

☐ <u>Which</u> does she speak, English <u>or</u> Japanese<u>?</u> 彼女は<u>英語と日本語のどちらを</u>話しますか。

☐ — She <u>speaks</u> English. — 彼女は英語を<u>話します</u>。

☐ <u>Whose</u> ticket is this<u>?</u> これは<u>だれの</u>チケットですか。

☐ — It is <u>mine</u>. — それは<u>私のもの</u>です。

重要単語・表現　♪b07

Unit 7	
☐ **foreign**	外国(へ[から])の
☐ **her**	彼女の，彼女を[に]
☐ **him**	彼を[に]
☐ **perform**	演じる，演奏する
☐ **performer**	演技者
☐ **piece**	作品
☐ **pottery**	陶器，陶芸
☐ **show**	ショー
☐ **the U.K.**	イギリス
☐ **them**	彼ら[彼女ら，それら]を[に]
☐ **useful**	役に立つ，有用な
☐ comic storytelling	話芸
☐ cushion	クッション，ざぶとん
☐ **only**	ただ～だけ
☐ prop	小道具
☐ **role**	役，役割
☐ **which**	どちら，どれ，どちらの人[もの]

☐ Why don't we ～?	(いっしょに)～しませんか。
☐ be careful with	～の扱いに気をつける
☐ **careful**	注意深い
☐ **history**	歴史
☐ **maybe**	たぶん，もしかすると
☐ **mine**	私のもの
☐ **minute**	(時間の単位の)分
☐ **still**	まだ，今でも
☐ **ticket**	切符，チケット
☐ **wait**	待つ
☐ **whose**	だれの，だれのもの
☐ **yours**	あなた(たち)のもの
☐ (Kaito)'s	(海斗)の
☐ Here you are.	はい，どうぞ。

ココをチェック！

☐「A と B のどちらを～しますか」

<u>Which do[does]</u> ～，A <u>or</u> B<u>?</u>

Let's Talk 2 ～ Grammar for Communication 5

重要文

☑ What's wrong?　　　　　どうしましたか。
☑ — I have a headache.　　— 頭痛がします。

重要単語・表現　　　　　　　　　　　♪ b08

Let's Talk 2

☑ **bad**	悪い，よくない，ひどい
☑ **fever**	熱
☑ **headache**	頭痛
☑ **hour**	1時間
☑ **office**	事務所，役所
☑ **rest**	休み，休息
☑ stomachache	胃痛，腹痛
☑ take a rest	ひと休みする
☑ toothache	歯痛
☑ **wrong**	ぐあいが悪い
☑ That's too bad.	それはいけませんね。
☑ What's wrong?	どうかしたのですか。

Grammar for Communication 5

☑ **hers**	彼女のもの
☑ **its**	それの，その
☑ **ours**	私たちのもの
☑ **their**	彼らの，彼女らの，それらの
☑ **theirs**	彼ら[彼女ら，それら]のもの
☑ **us**	私たちを[に]

ココをチェック！

■代名詞

	単数				複数			
	～が[は]	～の	～を[に]	～のもの	～が[は]	～の	～を[に]	～のもの
一人称	I	my	me	mine	we	our	us	ours
二人称	you	your	you	yours	you	your	you	yours
三人称	he	his	him	his	they	their	them	theirs
	she	her	her	hers				
	it	its	it	–				

重要文

☑I am watching TV now. 私は今テレビを見ています。

☑Are you taking a picture? あなたは写真を撮っているのですか。

☑— Yes, I am. / No, I am not. ― はい, そうです。／いいえ, ちがいます。

☑What are you doing? あなたは何をしていますか。

☑— I am writing a birthday card. ― 私は誕生日カードを書いています。

☑How nice! なんてすてきなのでしょう！

☑What a cute bag! なんてかわいいバッグでしょう！

☑Dear Meg, メグへ,

☑Happy Birthday! お誕生日おめでとう。

重要単語・表現

♪b09

Unit 8

☑**party**	パーティー
☑**surprise**	驚くべきこと, 驚き
☑**bye**	さよなら, バイバイ
☑**free**	ひまな
☑look forward to	～を楽しみに待つ
☑sound like	～のように聞こえる, 思える
☑**then**	そのとき(に)
☑**tomorrow**	明日(は)
☑**video game**	テレビゲーム
☑See you.	またね。
☑What's up?	どうしたのですか。
☑decorate	～を飾る
☑forever	永久に, 永遠に
☑**prepare**	(～の)準備をする, 備える
☑**say**	(～を)言う, ～だと言う
☑Happy birthday!	誕生日おめでとう。
☑**forget**	(～を)忘れる

☑goodness	善良さ, やさしさ
☑**happen**	起こる, 生じる
☑of course	もちろん
☑**quickly**	速く, すぐに, 急いで
☑Oh, my goodness!	〔驚きを表して〕えっ。 おや。まあ。
☑You're welcome.	どういたしまして。

Let's Write 1

☑**dear**	親愛なる～(様)
☑**soon**	すぐに, まもなく
☑**wish**	祝福の言葉, 祈り
☑Best wishes for ~.	～の幸せを祈ります。
☑Get well soon!	早く元気になってね！
☑Happy New Year!	新年おめでとう。

ココをチェック！

☑現在進行形「～しています」

〈am[are, is] +動詞の ing 形〉

☑感動を表す文「なんて～だろう！」

How ～！/ What (a[an]) ～！

Unit 9

教科書
p.87~p.93

重要文

☑ She <u>wants to help</u> people in need.

彼女は困っている人々を<u>助けたいと思って</u>
<u>います</u>。

☑ She <u>tries to do</u> her best.

彼女は<u>最善を尽くそうとしています</u>。

☑ <u>What do you want to do?</u>

<u>あなたは何をしたいですか</u>。

☑ — I <u>want to try</u> some ethnic food.

— 私はエスニック料理を<u>食べてみたいです</u>。

☑ The children <u>look</u> happy.

子供たちは幸せ<u>そうに見えます</u>。

重要単語・表現　　　　♪ b10

Unit 9	
☑ act	行動する
☑ globally	世界的に
☑ locally	その地方で，局地的に
☑ **as**	～として
☑ **cousin**	いとこ
☑ do one's best	最善を尽くす
☑ in need	困っている
☑ Kenya	ケニア
☑ **sick**	病気の
☑ **work**	働く，作業をする
☑ ethnic	民族(特有)の
☑ get to	～に着く，到着する
☑ in line	1列に並んで
☑ **late**	おくれた，遅刻した
☑ **later**	もっと遅く，あとで
☑ **line**	列，並び
☑ listen to	～を聞く
☑ **main**	主な，主要な
☑ presentation	発表，プレゼンテーション
☑ **understand**	(～を)理解する，わかる
☑ **build**	～を建てる

☑ **child**	子供
☑ **children**	**child** の複数形
☑ **collect**	～を集める
☑ for a long time	長い間
☑ **money**	金，通貨
☑ on the other hand	他方では，これに反して
☑ **village**	村
☑ **volunteer**	ボランティア
☑ **well**	名井戸

ココをチェック！

☑ 「～したい」　<u>want to ～</u>

☑ 「～しようと試みる，努力する」

　<u>try to ～</u>

☑ 「～する必要がある」　<u>need to ～</u>

☑ 「～(のよう)に見える」〈<u>look</u> ＋形容詞〉

11

Let's Talk 3 ~ Let's Read 1

教科書
p.94~p.99

重要文

☑ I'm looking for Midori Station.　　私は緑駅をさがしています。

☑ — Go along this street.　　— この道に沿って行ってください。

☑ 　Turn left at the second traffic light.　　2つめの信号を左に曲がってください。

重要単語・表現　　♪ b11

Let's Talk 3

☑ **along**	～に沿って
☑ go along	（通り・道）を進む
☑ look for	～をさがす
☑ **traffic light**	交通信号
☑ Excuse me.	すみません。失礼ですが。
☑ Let's see.	ええと。そうですね。
☑ Pardon me?	何とおっしゃいましたか。もう一度おっしゃってください。

Stage Activity 2

☑ cheer ～ up	～を元気づける
☑ original	独創的な，独自の
☑ **song**	歌
☑ **voice**	声
☑ **word**	歌詞
☑ That's right.	そのとおり。

Let's Read 1

☑ anyway	とにかく
☑ **choose**	～を選ぶ

☑ **climb**	～に[を]のぼる
☑ climber	登山者
☑ crowd	群集，人ごみ
☑ detail	詳細
☑ **easily**	簡単に，楽に，すぐに
☑ **foot**	足
☑ go up	のぼる，上がる
☑ hut	小屋
☑ **information**	情報
☑ **interested**	興味を持っている
☑ Mt.	〔Mount の略〕～山
☑ on foot	徒歩で
☑ **plan**	～を計画する
☑ probably	十中八九，たぶん
☑ **stay**	滞在する，泊まる
☑ sunrise	日の出
☑ trail	登山道，小道
☑ Guess what!	あのね，何だと思う？
☑ Here are ～ .	これが～です。
☑ Thanks for ～ .	～をありがとう。

12　　　　　　　　　　　　　　　　　　東京書籍版　英語1年

重要文

- ☑ I <u>visited</u> the museum last Sunday.　私は先週の日曜日に博物館を<u>訪れました</u>。
- ☑ I <u>saw</u> fireworks that night.　私はその夜花火を<u>見ました</u>。

重要単語・表現　♪b12

Unit 10 ①	
☑ **actor**	俳優
☑ be full of	～でいっぱいである
☑ **full**	いっぱいの，満腹の
☑ **last**	この前の，昨～，先～
☑ leading	主要な
☑ London	ロンドン
☑ musical	ミュージカル
☑ **part**	(芝居などの)役，(仕事の)役目
☑ **performance**	演技，演奏，公演
☑ **theater**	劇場，映画館
☑ **thing**	もの，こと
☑ came	come の過去形
☑ count	(～を)数える
☑ count down	秒読みする
☑ **each**	それぞれの，各自の
☑ each other	たがい(に)

☑ **feel**	～と感じる，気持ちがする
☑ **felt**	feel の過去形
☑ midnight	夜の 12 時，真夜中
☑ **said**	say の過去形
☑ **spend**	(時)を過ごす
☑ spent	spend の過去形
☑ stood	stand の過去形
☑ **took**	take の過去形

ココをチェック！

☑ 規則動詞の過去形
　動詞の語尾に <u>(e)d</u> をつける。
☑ 不規則動詞の過去形
　動詞の形が変わる。

重要文

- ☑ <u>Did</u> you <u>get up</u> early yesterday<u>?</u>   あなたは昨日早く<u>起きましたか</u>。
- ☑ — Yes, I <u>did</u>.   — はい，<u>起きました</u>。
- ☑   No, I <u>did not</u>.   いいえ，<u>起きませんでした</u>。
- ☑ <u>I am in</u> Fukushima.   <u>私は</u>福島<u>にいます</u>。
- ☑ <u>Take care of yourself.</u>   体に気をつけて。

重要単語・表現　　　　　♪b13

Unit 10 ②

☑ anywhere	否 どこにも（〜ない）
☑ at home	家で[に]
☑ brought	bring の過去形
☑ **did**	**do** の過去形
☑ **early**	早く
☑ get up	起きる，起床する
☑ **got**	**get** の過去形
☑ **made**	**make** の過去形
☑ **nothing**	何も〜ない
☑ **parent**	親，〔parents で〕両親
☑ relax	くつろぐ
☑ **special**	特別の
☑ **traditional**	伝統的な

Let's Write 2

☑ a lot	たいへん，とても
☑ **care**	世話
☑ fall down	倒れる
☑ **fell**	fall の過去形
☑ for the first time	はじめて
☑ grandma	おばあちゃん
☑ **hotel**	ホテル，旅館
☑ **miss**	〜がいないのをさびしく思う
☑ **outside**	外で[に，へ]
☑ **snow**	雪が降る
☑ take care of oneself	体に気をつける

ココをチェック！

☑ 過去の疑問文と答え方

　〈<u>Did</u> ＋<u>主語</u>＋<u>動詞の原形</u>〜 ?〉

　— Yes, 〜 <u>did</u>. /

　　No, 〜 <u>did not[didn't]</u>.

☑ 過去の否定文

　〈<u>主語</u>＋ <u>did not[didn't]</u> ＋<u>動詞の原形</u>〜 .〉

重要文

☑ <u>Were</u> you a starter in the last game<u>?</u>
あなたは前回の試合で先発メンバー<u>でしたか</u>。

☑ — Yes, I <u>was</u>. / No, I <u>was not</u>.
―はい, <u>そうでした</u>。
　　/いいえ, <u>そうではありませんでした</u>。

☑ <u>Is there</u> a campground near the lake<u>?</u>
湖の近くにキャンプ場<u>があります</u>か。

☑ — Yes, <u>there is</u>. / No, <u>there is not</u>.
― はい, <u>あります</u>。／いいえ, <u>ありません</u>。

☑ <u>There are</u> outdoor kitchens, too.
屋外調理場<u>もあります</u>。

☑ I <u>was playing</u> soccer then.
私はそのときサッカーを<u>していました</u>。

☑ <u>What would you like?</u> — <u>I'd like</u> a steak.
何になさいますか。― ステーキを<u>お願いします</u>。

☑ <u>Would you like</u> some dessert<u>?</u>
デザート<u>はいかがですか</u>。

☑ — <u>Yes, please</u>. / <u>No, thank you</u>.
― <u>はい, お願いします</u>。／<u>いいえ, 結構です</u>。

重要単語・表現　♪b14

Unit 11			
☑ **against**	～に対抗して, 反対して	☑ **shower**	シャワー
☑ **another**	ほかの, 別の, ちがった	☑ tent	テント
☑ **at first**	最初は, はじめのうちは	☑ trash	ごみ, くず
☑ **half**	半分, 2分の1	☑ Good job.	よくやった。
☑ **hope**	(…を)望む	☑ **album**	アルバム
☑ **lose**	負ける	☑ **back**	戻って, 返して
☑ **lost**	lose の過去形	☑ beat	どきどきする
☑ **rookie**	ルーキー, 新人	☑ bring back	～を思い出させる
☑ **were**	are の過去形	☑ on one's way (to)	(～へ行く)途中で
☑ campground	キャンプ場	☑ **photo**	写真
☑ **kitchen**	台所, 調理場	☑ **these**	これらの
☑ outdoor	屋外の, 野外の	Let's Talk 4	
☑ **pick**	～をつむ, もぐ	☑ **pleasure**	楽しみ, 喜び
☑ **pick ～ up**	～を拾い上げる, 車で迎えに行く	☑ server	給仕, ウェイター
☑ **set**	～を準備する	☑ would like ～	～がほしい(のですが)
☑ set	set の過去形	☑ would like to ～	～したい(のですが)
☑ set up	～を建てる	☑ My pleasure.	どういたしまして。

重要単語・表現　♪b15

Stage Activity 3

☑ **behind**	～の後ろに
☑ chorus	合唱
☑ **field**	野原，実地の場
☑ ran	run の過去形
☑ relay	リレー競走
☑ runner	走者
☑ **won**	win の過去形

Let's Read 2

☑ **away**	はなれて，去って
☑ blind	目の不自由な
☑ **bought**	buy の過去形
☑ **could**	〔can の過去形〕～することができた
☑ **drop**	～を落とす
☑ **lonely**	ひとりぼっちの，さびしい
☑ one day	ある日
☑ **poor**	貧しい，かわいそうな
☑ **rich**	金持ちの，裕福な
☑ **sell**	～を売る
☑ suddenly	突然，急に
☑ **thought**	think の過去形
☑ **anything**	🔁何も（～ない）
☑ became	become の過去形
☑ **become**	～になる
☑ **dollar**	ドル
☑ forgetful	忘れっぽい
☑ **gave**	give の過去形
☑ **give**	（…に）～を与える，渡す，もたらす
☑ **important**	重要な，大切な
☑ jail	刑務所
☑ **met**	meet の過去形
☑ **police**	警察，警察官
☑ put	put の過去形
☑ steal	～を盗む
☑ stole	steal の過去形
☑ surgery	（外科）手術
☑ **thousand**	1,000(の)
☑ **told**	tell の過去形
☑ **ask**	（～を[に]）たずねる，質問する
☑ get out of	～から出る
☑ nod	うなずく
☑ **pass**	（～を）通り過ぎる
☑ **remember**	（～を）思い出す
☑ several	いくつかの
☑ **smile**	ほほえむ，微笑する
☑ thanks to	～のおかげで
☑ **touch**	～にさわる，ふれる
☑ **without**	～なしで[に]

テスト対策問題

テスト対策☆ナビ

♫ **リスニング**

♪ a01

1 質問を聞いて，その答えとして適するものを一つ選び，記号で答えなさい。

(1) ア　Nice to meet you, too.　　イ　My name is Suzuki Yuto.
　　ウ　I can dance.
　　　　　　　　　　　　　　　　　　　　　　　　　（　　　）

(2) ア　I like sushi.　　　　　　　イ　I have a nice room.
　　ウ　I can run fast.
　　　　　　　　　　　　　　　　　　　　　　　　　（　　　）

2 次のイラストを表す英語をア～オから選び，記号で答えなさい。

(1)　　　　　(2)　　　　　(3)　　　　　(4)

ア　guitar　　イ　window　　ウ　cap
エ　desk　　　オ　egg

(1) (　　　)　　(2) (　　　)　　(3) (　　　)　　(4) (　　　)

2　重要単語

イラストと英単語を結びつけられるようにしよう。

よく出る

3 次の日本語にあたる英語をア～カから選び，記号で答えなさい。

(1) はじめまして。（　　　）　(2) やあ。　　　　　　（　　　）
(3) 私はユイです。（　　　）　(4) 私は魚が好きです。（　　　）
(5) 私はじょうずに歌うことができます。　（　　　）

ア　Hi.　　　　　　　　イ　I can sing well.
ウ　I like fish.　　　　エ　Nice to meet you.
オ　Nice.　　　　　　　カ　I'm Yui.

3　重要表現
(1)初対面のあいさつ。

ポイント

・I'm ～.「私は～です」
・I like ～.
「私は～が好きです」
・I can ～.
「私は～（すること
が）できます」

4 アルファベット順になるように，空所に合う大文字を書きなさい。

(1) A B C ＿＿＿ E F G ＿＿＿ I J ＿＿＿ L M ＿＿＿

(2) O ＿＿＿ Q R ＿＿＿ T ＿＿＿ V W ＿＿＿ Y Z

4　アルファベット
（大文字）
A～Zまで順番通りに書けるようにしておこう。
5　アルファベット
（小文字）

ミス注意！

小文字は b, d, f, h, k, l を第1線まで上にのばし，g, j, p, q, y を第4線まで下にのばす。

ミス注意！

5 次の大文字を小文字に書きかえなさい。

(1) A ＿＿＿　　(2) B ＿＿＿　　(3) I ＿＿＿

(4) N ＿＿＿　　(5) Q ＿＿＿　　(6) U ＿＿＿

　(1) Nice to meet you.　(2) What food do you like?　(3) can　(4) want to　(5) B　(6) d　(7) G　(8) Q
(9) r　(10) y

3

テストに出る！
予想問題

Unit 0
Welcome to Junior High School

🕐 30分

/100点

1 英文を聞いて，内容に合う絵を一つ選び，記号で答えなさい。　♪ a02　〔4点〕

（　　　）

2 英文を聞いて，その応答として適するものを一つ選び，記号で答えなさい。　♪ a03　〔4点〕

よく出る

ア　He's a good tennis player.　　　イ　I like cheese.

ウ　I want to sing.　　　エ　Nice to meet you, too.　　　（　　　）

3 次のイラストを表す英語を下から一つずつ選び，記号で答えなさい。　3点×8〔24点〕

(1) 　(2) 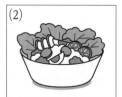　(3) 　(4)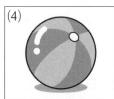

(5) 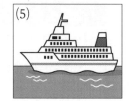　(6) 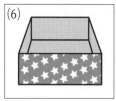　(7) 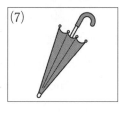　(8)

(1)（　　　）　(2)（　　　）　(3)（　　　）　(4)（　　　）

(5)（　　　）　(6)（　　　）　(7)（　　　）　(8)（　　　）

ア　apple　　　　イ　umbrella　　　ウ　desk　　　　エ　box

オ　ball　　　　カ　ship　　　　　キ　salad　　　　ク　clock

4 次の英文の意味を下から一つずつ選び，記号で答えなさい。　4点×5〔20点〕

よく出る

(1) I can sing well.　（　　　）　(2) I'm Yuri.　（　　　）

(3) Hi.　（　　　）　(4) I like music.　（　　　）

(5) I want to dance.　（　　　）

ア　私は音楽が好きです。　　　　イ　私はおどりたいです。

ウ　やあ。　　　　　　　　　　エ　はじめまして。

オ　私はユリです。　　　　　　　カ　私はじょうずに歌うことができます。

5 次の対話文を読んで，あとの問いに答えなさい。　〔10点〕

Emma: I'm Emma White. What's your name?
Ken:　（　①　）
Emma:　②What food do you like?
Ken:　I like *tempura*.
Emma: I like *tempura*, too.
Ken:　（　③　）

(1) ①の（　）に入る文を一つ選び，記号で答えなさい。　〈3点〉
　ア　I can sing well.　　　イ　I like curry.
　ウ　My name is Sato Ken.　　　（　　　）

(2) 下線部②を日本語になおしなさい。　〈4点〉
　（　　　　　　　　　　　　　　　　　　）

(3) ③の（　）に入るものを一つ選び，記号で答えなさい。　〈3点〉
　ア　Hello.　　イ　Nice.　　ウ　Hi.　　　（　　　）

6 次の大文字を小文字に，小文字を大文字に書きかえなさい。　3点×6〔18点〕

(1)　D　_____　　(2)　J　_____　　(3)　Y　_____

(4)　a　_____　　(5)　f　_____　　(6)　r　_____

7 次の文字をアルファベット順に並べかえて書きなさい。　5点×4〔20点〕

(1)　G B E C F D _____

(2)　W Z U X V Y _____

(3)　i l j n m k _____

(4)　r p t o q s _____

New School, New Friends

テストに出る！ ココが 要点 & チェック！

be 動詞・一般動詞の文

教 p.10〜p.15

1 be 動詞の肯定文

➡★(1)(2)

「私は〜です」は I am 〜., 「あなたは〜です」は You are 〜. で表す。am や are は be 動詞という。be 動詞はあとに主語の説明となる言葉を続ける。

I **am** Meg Brown.　　　私はメグ・ブラウンです。

I am の短縮形は I'm　　　= 　　　I = Meg Brown

You **are** from Sydney.　　　あなたはシドニー出身です。

you are の短縮形は you're　　　= 　　　You = from Sydney

2 一般動詞の肯定文

➡★(3)(4)

like などの状態を表す言葉や, eat などの動作を表す言葉を一般動詞といい, 主語(〜は, が)のあとに続ける。動詞のあとに置き,「〜を, が」と動詞の動作を受ける言葉を目的語という。

I **like** Japanese food.　　　私は日本食が好きです。
主語　一般動詞　　目的語

3 be 動詞の疑問文・否定文

➡★(5)(6)

「あなたは〜ですか」という疑問文は, are を主語 you の前に置き, Are you〜? で表す。「〜ではありません」という否定文は, am[are]のあとに not を置く。

疑問文 **Are** **you** ☐ from Sydney?　　　あなたはシドニー出身ですか。
　　　　　　↑are を主語の前に

— **Yes**, I **am**. / **No**, I **am** **not**.　　　— はい, そうです。／いいえ, ちがいます。
be 動詞を使って答える　= No, I'm not.

否定文 I **am** **not** from Sydney.　　　私はシドニー出身ではありません。
　　　am のあとに not

4 一般動詞の疑問文・否定文

➡★(7)(8)

「あなたは〜しますか」という疑問文は, do を主語 you の前に置いて作る。「〜しません」「〜ではありません」という否定文では動詞の前に do not[don't]を置く。

肯定文 You **play** cricket.　　　あなたはクリケットをします。
　　　主語　　　一般動詞

疑問文 **Do** **you** **play** cricket?　　　あなたはクリケットをしますか。
do を主語の前に

— Yes, I **do**. / No, I **do** **not**.　　　— はい, します。／いいえ, しません。
do を使って答える　do のあとに not. 短縮形は don't

否定文 I **do** **not** play cricket.　　　私はクリケットをしません。
　　　= don't

can の文

教 p.16〜p.17

5 can「〜できる」・cannot「〜できない」
→★ (9)(10)

「〜(することが)できる」は can 〜で表す。「〜(することが)できない」は，cannot[can't] 〜を使う。

肯定文 I **can** **read** *hiragana*.　　私はひらがなを読むことができます。
主語　動詞の前に　　動詞

否定文 I **cannot** **read** kanji.　　私は漢字を読むことができません。
cannot の短縮形は can't

6 Can you 〜?「〜できますか」
→★ (11)

「〜(することが)できますか」とたずねる can の疑問文は，can を主語の前に置いて作る。答えの文でも can を使う。

肯定文 You **can** **read** kanji.　　あなたは漢字を読むことができます。

疑問文 **Can** **you** **read** kanji?　　あなたは漢字を読むことができますか。
主語の前に

— Yes, I **can**. / No, I **cannot**.　　— はい，読めます。／いいえ，読めません。
can を使って答える　　=can't

☆チェック！　( )内から適する語句を選びなさい。

1
- [ ] (1) I (am / are) Shogo.　　ぼくは彰吾です。
- [ ] (2) You (am / are) from Fukuoka.　　あなたは福岡出身です。

2
- [ ] (3) I (am / play) cricket.　　私はクリケットをします。
- [ ] (4) You (are / like) Japanese food.　　あなたは日本食が好きです。

3
- [ ] (5) (Are you / Do you) a badminton fan?　　あなたはバドミントンファンですか。
- [ ] 　　— Yes, I (am / are).　　— はい，そうです。
- [ ] (6) I (am not / do not) from Tokyo.　　私は東京出身ではありません。

4
- [ ] (7) (Are you / Do you) eat *natto*?　　あなたは納豆を食べますか。
- [ ] 　　— No, I (am not / don't).　　— いいえ，食べません。
- [ ] (8) I (am not / don't) play baseball.　　私は野球をしません。

5
- [ ] (9) I (am / can) sing well.　　私はじょうずに歌うことができます。
- [ ] (10) I (don't / can't) ski.　　私はスキーをすることができません。

6
- [ ] (11) (Can / Are) you write kanji?　　あなたは漢字を書くことができますか。
- [ ] 　　— Yes, I (can / am).　　— はい，書けます。

テスト対策問題

リスニング

♪ a04

1 対話を聞いて，内容に合う絵を一つ選び，記号で答えなさい。

(1)
ア　イ
（　　）

(2)
ア　イ
（　　）

2 (1)〜(4)は単語の意味を書きなさい。(5)(6)は日本語を英語にしなさい。

(1) often　（　　　　　）　　(2) just　（　　　　　）

(3) fan　（　　　　　）　　(4) speak　（　　　　　）

(5) しかし ＿＿＿＿＿＿＿　　(6) そこに[で] ＿＿＿＿＿＿＿

2 重要単語
(6)英語のつづりがやや難しいので注意しよう。

よく出る 3 次の日本文に合うように，＿＿に適する語を書きなさい。

(1) 私をナオと呼んでください。

＿＿＿＿＿ ＿＿＿＿＿ Nao.

(2) ありがとう。　＿＿＿＿＿ you.

(3) 私はすしが好きです。あなたはどうですか。

I like sushi. ＿＿＿＿＿ ＿＿＿＿＿ you?

3 重要表現
(1)「呼ぶ」は call。
(3) how で文を始める。

おぼえよう！

Call me 〜.「私を〜
と呼んでください」
Thank you.
「ありがとう」
How about you?
「あなたはどうですか」

4 次の文を（　）内の指示にしたがって書きかえるとき，＿＿に適する語を書きなさい。

よく出る (1) You are Jun.　（疑問文に）

＿＿＿＿＿ ＿＿＿＿＿ Jun?

(2) I like baseball.　（否定文に）

I ＿＿＿＿＿ ＿＿＿＿＿ baseball.

ミス注意！ (3) You dance every day.　（疑問文と Yes で答える文に）

＿＿＿＿＿ ＿＿＿＿＿ dance every day?

— Yes, I ＿＿＿＿＿.

4 be 動詞・一般動詞

ポイント

be 動詞の疑問文
be 動詞を主語の前に置く。

ポイント

一般動詞の否定文
do not[don't]を動詞の前に置く。
一般動詞の疑問文
do を主語の前に置く。答えるときも do を使う。

p.7 答　(1) am　(2) are　(3) play　(4) like　(5) Are you / am　(6) am not　(7) Do you / don't　(8) don't　(9) can
(10) can't　(11) Can / can

5 次の対話文を読んで，あとの問いに答えなさい。

> *Kaito:* Are you from Sydney?
> *Meg:* Yes, I (　①　).
> *Kaito:* So, are you a rugby fan?
> *Meg:* No, I'm not. ②I'm a cricket fan.
> *Kaito:* Cricket? ③[play / do / it / you], too?
> *Meg:* No, I don't. I just watch ④it.

(1) ①の（　）に適する語を書きなさい。

(2) 下線部②を日本語になおしなさい。
　（　　　　　　　　　　　　　　　）

(3) 下線部③が「あなたもそれをするのですか」という意味になるように，[　]内の語を並べかえなさい。
　　_____, too?

(4) 下線部④が指すものを，本文中の1語で書きなさい。

6 次の日本文に合うように，____に適する語を書きなさい。

(1) 私は速く走ることができます。
　I ____ ____ fast.

(2) あなたはてんぷらを料理できますか。
　____ ____ cook *tempura*?

7 次の日本文を英語になおしなさい。

(1) あなたは長野(Nagano)出身ですか。

(2) 私はバスケットボールをしません。

(3) 私は少し泳ぐことができます。

5 本文の理解

(1) I に使う be 動詞。

(2) fan「ファン」

(3) 「〜するのですか」という一般動詞の疑問文。

(4) it は前に出てきた人以外の「もの」を指す。

6 can の文

ポイント
「〜できます」の文 can を動詞の前に置く。
「〜できますか」の文 can を主語の前に置く。答えるときも can を使う。

7 英作文
(1)「あなたは〜ですか」とたずねる be 動詞の疑問文。
(2)「〜しません」という一般動詞の否定文。
(3)「〜することができます」を can で表す。「少し」は2語で表す。

9

テストに出る！
予想問題

Unit 1
New School, New Friends

⏱ 30分

/100点

🎵 **1** 対話を聞いて，内容に合う絵を一つ選び，記号で答えなさい。　♪ a05　〔5点〕

ア　イ　ウ　エ

（　　　）

🎵 **2** 質問を聞いて，その答えとして適するものを一つ選び，記号で答えなさい。　♪ a06　〔5点〕

ア　Yes, I do. But I don't like it.　　イ　Yes, I am. I like Nara.

ウ　Yes, I can. I have it.

（　　　）

3 次の日本文に合うように，＿＿に適する語を書きなさい。　5点×4〔20点〕

(1) 私は美術を勉強します。

＿＿＿＿＿＿ ＿＿＿＿＿＿ art.

ミス
注意！(2) 私はすしがほしくありません。

I ＿＿＿＿＿＿ ＿＿＿＿＿＿ sushi.

(3) あなたはじょうずにおどれますか。

＿＿＿＿＿＿ ＿＿＿＿＿＿ dance well?

— いいえ，おどれません。

— No, ＿＿＿＿＿＿ ＿＿＿＿＿＿.

(4) 私は毎日泳ぎます。

I swim ＿＿＿＿＿＿ ＿＿＿＿＿＿.

よく
出る **4** 〔　〕内の語句を並べかえて，日本文に合う英文を書きなさい。　6点×3〔18点〕

(1) 私はラグビーファンではありません。　〔 not / fan / I'm / rugby / a 〕.

(2) 私はギターを演奏することができません。　〔 cannot / the guitar / I / play 〕.

(3) あなたは日本語を話しますか。　〔 speak / do / Japanese / you 〕?

5 次の対話文を読んで，あとの問いに答えなさい。　〔24点〕

Asami: Do you play badminton?
Meg: （　①　）
Asami: Good! ②(　　　), (　　　). Well, can you see the gym?
Meg: Yes, I (　③　).
Asami: ④We can play badminton there.
Meg: Great.
※2人は体育館でバドミントンをします。
Asami: You're a good player.
Meg: Thank you. *Arigato.*

(1) ①の（　）に入る文を一つ選び，記号で答えなさい。　（　　　）　〈6点〉
　ア Yes, I do.　　イ No, I don't.　　ウ Yes, I am.　　エ Yes, I am not.

(2) 下線部②が「私もです」という意味になるように，（　）に適する語を書きなさい。〈6点〉
　＿＿＿＿＿＿　＿＿＿＿＿＿
　＿＿＿＿＿＿, ＿＿＿＿＿＿.

(3) ③の（　）に適する語を書きなさい。　＿＿＿＿＿＿　〈6点〉

(4) 下線部④を，there が指すものを明らかにして日本語になおしなさい。　〈6点〉
　（　　　　　　　　　　　　　　　　　　　　　　　　　　　　）

6 次の文を（　）内の指示にしたがって書きかえなさい。　7点×2〔14点〕

(1) I drink green tea. （否定文に）
＿＿＿＿＿＿＿＿＿＿＿＿＿＿＿＿＿＿＿

(2) You are hungry. （疑問文に）
＿＿＿＿＿＿＿＿＿＿＿＿＿＿＿＿＿＿＿

7 次の日本文を英語になおしなさい。　7点×2〔14点〕

(1) あなたはバスケットボールをしますか。
＿＿＿＿＿＿＿＿＿＿＿＿＿＿＿＿＿＿＿

(2) 私は少し漢字を読むことができます。
＿＿＿＿＿＿＿＿＿＿＿＿＿＿＿＿＿＿＿

Our New Teacher 〜 be 動詞と一般動詞

テストに出る！　ココが要点＆チェック！

be 動詞 is

教 p.19〜p.21, p.26〜p.27

1 be 動詞 is の肯定文・否定文

➡ チェック ★(1)(2)

「これ［こちら］は〜です」は This is 〜., 「あれ［あちら］は〜です」は That is 〜. で表す。「彼は［彼女は］〜です」は He［She］is 〜. で表す。否定文は, be 動詞 is のあとに not を置く。

| 肯定文 | This is | Kaito. | こちらは海斗です。 |

| | He is | in Class 1B. | 彼は 1 年 B 組です。 |

男性は he にかえる。he is の短縮形は he's

| 否定文 | He is not | in Class 1A. | 彼は 1 年 A 組ではありません。 |

is のあとに not。is not の短縮形は isn't
＝He's not 〜.

| 肯定文 | This is | Ms. Cook. | こちらはクック先生です。 |

Ms.（〜さん, 先生）は女性に使う。男性には Mr. を使う

| | She is | our teacher. | 彼女は私たちの先生です。 |

女性は she にかえる。she is の短縮形は she's

| 否定文 | She is not | from Australia. | 彼女はオーストラリア出身ではありません。 |

＝She's not 〜.

2 be 動詞 is の疑問文

➡ チェック ★(3)(4)

This［That］is 〜., He［She］is 〜. など, is を使った文の疑問文は is を主語の前に置く。答えの文でも is を使う。主語がもののときは, this, that を it（それは［が］）にかえる。

| 肯定文 | That is a fish market. | あれは魚市場です。 |

that is の短縮形は that's

| 疑問文 | Is that a fish market? | あれは魚市場ですか。 |

is を主語の前に

| | — Yes, it is. | — はい, そうです。 |

it にかえる

| | No, it is not. | いいえ, ちがいます。 |

＝No, it's not.

● be 動詞の使い分け

主語（〜は）	be 動詞
I	am
you, 複数の人やもの	are
this, that, he, she, it, 人の名前など	is

疑問詞 what・who・how

教 p.22～p.25

3 What is ～? / Who is ～?

➡★(5)

「これ[あれ]は何ですか」は What is this[that]? と言う。「こちら[あちら]はだれですか」は Who is this[that]? と言う。どちらも答えるとき Yes や No は使わず，具体的な内容を答える。

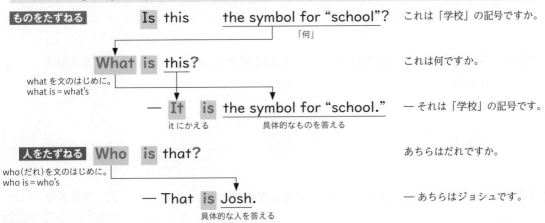

ものをたずねる Is this the symbol for "school"? これは「学校」の記号ですか。
「何」

What is this? これは何ですか。
what を文のはじめに。
what is = what's

— It is the symbol for "school." — それは「学校」の記号です。
it にかえる 具体的なものを答える

人をたずねる Who is that? あちらはだれですか。
who(だれ)を文のはじめに。
who is = who's

— That is Josh. — あちらはジョシュです。
具体的な人を答える

4 How do you ～? / What do you ～?

➡★(6)

「あなたはどのように～しますか」は How do you ～? で表す。「あなたは何を～しますか」は What do you ～? で表す。どちらも具体的な内容を答える。

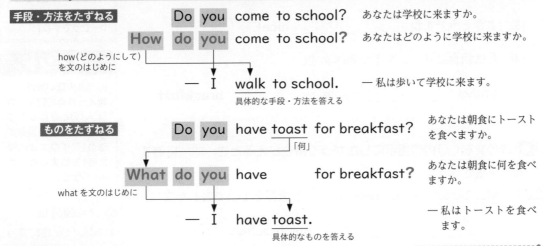

手段・方法をたずねる Do you come to school? あなたは学校に来ますか。
How do you come to school? あなたはどのように学校に来ますか。
how(どのようにして)を文のはじめに

— I walk to school. — 私は歩いて学校に来ます。
具体的な手段・方法を答える

ものをたずねる Do you have toast for breakfast? あなたは朝食にトーストを食べますか。
「何」

What do you have for breakfast? あなたは朝食に何を食べますか。
what を文のはじめに

— I have toast. — 私はトーストを食べます。
具体的なものを答える

☆チェック！ （ ）内から適する語句を選びなさい。

1
- [ ] (1) (This / That) is Mari. (She / He) is my sister. こちらは真理です。彼女は私の妹です。
- [ ] (2) (She / He)(is / is not) a Japanese teacher. 彼は日本語の先生ではありません。

2
- [ ] (3) (Are / Is) that a gym? — Yes, (that / it) is. あれは体育館ですか。— はい，そうです。
- [ ] (4) (Are / Is) the market crowded? その市場はこみ合っていますか。
   — No, (it is / it's not). — いいえ，こみ合っていません。

3
- [ ] (5) (What / Who) is that? — That is Ken. あちらはだれですか。— あちらはケンです。

4
- [ ] (6) (How / What) do you go to the library? あなたはどのように図書館へ行きますか。
   — I (go / walk) to the library. — 私は歩いて図書館へ行きます。

テスト対策問題

リスニング

♪ a07

1 対話と質問を聞いて，その答えとして適するものを一つ選び，記号で答えなさい。

(1) ア Yes, it is.　イ No, it's not.　ウ It's a library.　エ It's a school.　（　　）

(2) ア Yes, I am.　イ No, I'm not.　ウ Yes, he is.　エ No, he is not.　（　　）

2 (1)〜(4)は単語の意味を書きなさい。(5), (6)は日本語を英語にしなさい。

(1) popular （　　　　　）　(2) area （　　　　　）

(3) picnic （　　　　　）　(4) yogurt （　　　　　）

(5) 〜もまた _____　(6) 来る _____

2 重要単語
(4)食べ物

3 次の日本文に合うように，_____ に適する語を書きなさい。

(1) はじめまして。 _____ to _____ you.

(2) おはようございます。 Good _____.

(3) よさそうですね。 _____ nice!

(4) 私は朝食にリンゴを1つ食べます。

I have _____ apple _____ breakfast.

3 重要表現

おぼえよう！

Nice to meet you.
「はじめまして」
Good morning.
「おはようございます」
Sounds 〜.
「〜そうですね」

ポイント

a, an の使い分け
数えられる名詞が1つ
[1人]のときは a をつける。次にくる言葉が母音（アイウエオに似た音）で始まるときは an を使う。

4 次の文を（　）内の指示にしたがって書きかえるとき，_____ に適する語を書きなさい。

(1) Ms. Suzuki is our teacher.（下線部を1語で表した文に）

_____ _____ our teacher.

(2) He is my classmate.（否定文に）

He _____ _____ my classmate.

(3) That is a shrine.（疑問文と Yes で答える文に）

_____ _____ a shrine?

— Yes, _____ _____.

4 be 動詞 is
(1) Ms. は女性に使う。

ポイント
be 動詞の否定文
be 動詞のあとに not を置く。
be 動詞の疑問文
be 動詞を主語の前に置く。

(3) that がものをさすときは，答えの文では it にかえる。

5 次の対話文を読んで，あとの問いに答えなさい。

5 本文の理解

Kaito: ① This is our town map.

Ms. Cook: ② (　　　)(　　　). ③ (　　　) this?

Kaito: It's the symbol for "school."

Ms. Cook: Oh, is this for "picnic area"?

Kaito: No, it's for "shrine."

Ms. Cook: (　④　) That's interesting.

---

(1) 下線部①を日本語になおしなさい。

(　　　　　　　　　　　　　　　　　　　　　　　)

(2) 下線部②が「なるほど」という意味になるように，(　)に適する語を書きなさい。

_____ _____

(3) 下線部③が「これは何ですか」という意味になるように，(　)に適する語を書きなさい。

_____

(4) ④の(　)に適する文を一つ選び，記号で答えなさい。

ア　Me, too.　　イ　Really?　　ウ　How about you?

(　　　)

6 次の日本文に合うように，▒▒▒に適する語を書きなさい。

🔵よく出る (1) あちらはだれですか。— 彼はケンジ(Kenji)です。

------------------------------　------------------------------
_____ that? — _____ Kenji.

✏️ミス注意! (2) あなたは何を演奏しますか。

_____ _____ you play?

7 次の日本文を英語になおしなさい。

(1) 彼女は野球ファンではありません。

🔵よく出る (2) あなたはどのように動物園に行きますか。

✏️ミス注意! (3) [(2)に答えて]　私は自転車で動物園に行きます。

----

(1) This is 〜. は「こ
れは〜です」という意
味。

(3) 1語なので短縮形を
使う。

(4)あとの文から考える。

6　what・who・
how
(1) 1語なので短縮形で
表す。

おぼえよう！

what「何」
who「だれ」
how「どのようにして」
答えるときは具体的に
答える。

7　英作文
(1)「ファン」は fan。
fan は数えられる名詞。
(2)交通手段をたずねる
文。「動物園」は zoo。
(3)

おぼえよう！

by car「車で」
by bike「自転車で」
by train「電車で」
walk「歩いていく」

Unit 2 〜 Grammar for Communication 1
Our New Teacher 〜 be 動詞と一般動詞

⏱ 30分

/100点

1 対話を聞いて，内容に合う絵を一つ選び，記号で答えなさい。　♪ a08 〔5点〕

ア	イ	ウ	エ
日 月 火 水 木 金 土	日 月 火 水 木 金 土	日 月 火 水 木 金 土	日 月 火 水 木 金 土

（　　　）

2 対話と質問を聞いて，答えとして適するものを一つ選び，記号で答えなさい。　♪ a09 〔5点〕

ア　Yes, she is.　　　　　　イ　No, she's not.

ウ　Yes, it is.　　　　　　エ　No, it's not.　　　（　　　）

3 次の日本文に合うように，▭に適する語を書きなさい。　　5点×4〔20点〕

(1) これは私の机です。　　　＿＿＿＿＿＿ ＿＿＿＿＿＿ my desk.

(2) 彼は私の同級生です。　　＿＿＿＿＿＿ my classmate.

(3) あなたは何を勉強しますか。　＿＿＿＿＿＿ you ＿＿＿＿＿＿?

　　　— 私は英語を勉強します。　　— ＿＿＿＿＿＿ ＿＿＿＿＿＿ English.

(4) そのレストランはこみ合っていません。

　　The restaurant ＿＿＿＿＿＿ ＿＿＿＿＿＿ crowded.

4 次の文を（　）内の指示にしたがって書きかえなさい。　　5点×3〔15点〕

(1) That is a temple. （疑問文にして，yes で答える文も）

＿＿＿＿＿＿＿＿＿＿＿＿＿ — ＿＿＿＿＿＿＿＿＿＿＿＿＿

(2) She's our science teacher. （否定文に）

＿＿＿＿＿＿＿＿＿＿＿＿＿＿＿＿＿＿＿＿＿

(3) This is Ms. Ito. （下線部をたずねる疑問文に）

＿＿＿＿＿＿＿＿＿＿＿＿＿＿＿＿＿＿＿＿＿

16

5 次の対話文を読んで，あとの問いに答えなさい。　〔20点〕

> *Asami:*　（　①　） do you come to school?　By bike?
> *Ms. Cook:*　No.　I walk to school.
> *Kaito:*　②[have / do / what / you / for] breakfast?
> *Ms. Cook:*　I usually have toast, fruit, and yogurt.　③How about you?
> *Kaito:*　I have rice and miso soup.　I also have （　④　） egg and a sausage.

(1) ①，④の（ ）に適する語を書きなさい。　3点×2〈6点〉

①　＿＿＿＿＿＿　④　＿＿＿＿＿＿

(2) 下線部②が「あなたは朝食に何を食べますか」という意味になるように，[ ]内の語を並べかえなさい。　〈5点〉

＿＿＿＿＿＿＿＿＿＿＿＿＿＿＿＿ breakfast?

(3) 下線部③を日本語になおしなさい。　〈4点〉

（　　　　　　　　　　　　　　　）

(4) クック先生（Ms. Cook）が朝に食べるものを3つ，日本語で書きなさい。　〈5点〉

（　　　　　　　）（　　　　　　　）（　　　　　　　）

6 [ ]内の語を並べかえて，日本文に合う英文を書きなさい。　7点×2〔14点〕

(1) これはあなたの町の地図ですか。　[your / this / map / is / town]?

(2) 彼は長崎出身ではありません。　[is / Nagasaki / not / he / from].

7 次の日本文を英語になおしなさい。　7点×3〔21点〕

(1) 私はこの近くに住んでいます。

(2) あれは人気のある魚市場（うおいちば）です。

(3) 彼は私たちの新しい数学（math）の先生です。

Unit 3 〜 Grammar for Communication 2

Club Activities 〜名詞

テストに出る！ ココが要点＆チェック！

疑問詞 where, 疑問詞 when

教 p.30〜p.31

1 Where do you 〜? / Where is 〜?

→★(1)(2)

「あなたはどこで[に，へ]〜しますか」は Where do you 〜? で表す。「〜はどこにありますか[いますか]」には Where is 〜? の文を使う。どちらも答えるときは，具体的な場所を答える。

Where do you practice?
「どこで[に，へ]」
あなたたち→私たち
— We practice **in** the music room.
場所を表す言葉を使って具体的に答える

Where is Midori Hall?
where is = where's
— **It is near** the station.
it にかえる
場所を表す言葉を使って具体的に答える

あなたたちはどこで練習しますか。

— 私たちは音楽室で練習します。

緑（みどり）ホールはどこですか。

— それは駅の近くです。

▸ 場所を表す言葉 ◂
in	「〜(の中)に[で, の]」
near	「〜の近くに[で]」
on	「〜(の上)に[で]」
at	「〜に，〜で」
by	「〜のそばに」

2 When is 〜? / When do you 〜?

→★(3)

「〜はいつですか」は When is 〜? で表す。「あなたはいつ〜しますか」は When do you 〜? で表す。どちらも答えるときは，具体的な時を答える。

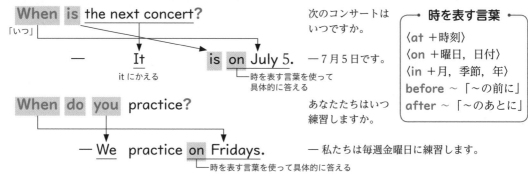

When is the next concert?
「いつ」
— **It is on** July 5.
it にかえる
時を表す言葉を使って具体的に答える

When do you practice?
— We practice **on** Fridays.
時を表す言葉を使って具体的に答える

次のコンサートはいつですか。

— 7月5日です。

あなたたちはいつ練習しますか。

— 私たちは毎週金曜日に練習します。

▸ 時を表す言葉 ◂
〈at ＋時刻〉
〈on ＋曜日，日付〉
〈in ＋月，季節，年〉
before 〜 「〜の前に」
after 〜 「〜のあとに」

「〜したい」「〜になりたい」の文

教 p.32〜p.33

3 want to 〜 / want to be 〜

→★(4)(5)

「〜したい」は want to 〜で表す。「〜になりたい」は want to be 〜で表す。

I **want to win** the game.
「〜したい」 └一般動詞

私は試合に勝ちたいです。

I **want to be** a good soccer player.
「〜になりたい」 │ └職業などの名詞
└am, are, is のもとの形（原形）

私はよいサッカー選手になりたいです。

疑問詞 how many，名詞

教 p.34〜p.36

4 How many 〜?

「どれくらい多くの［いくつの〜］」は，How many 〜? で表す。答えるときは，具体的な数を答える。how many のあとには名詞の複数形を続ける。

Do you have two rackets?

How many rackets do you have?

「何本の」　名詞の複数形

— I have two rackets.

具体的な数を答える

あなたは2本のラケットを持っていますか。

あなたは何本のラケットを持っていますか。

— 私は2本のラケットを持っています。

5 名詞

名詞には数えられる名詞と，数えられない名詞がある。数えられる名詞が1つ［1人］のときは a [an] を前につける。2つ［2人］以上のときは s または es をつけるなどして複数形にする。

・ 名詞の複数形 ・

▶s・es をつける	▶y を i にかえて es をつける	▶不規則に変化する	▶単数形と同じ形
a racket → rackets	a city → cities	a man → men	a fish → fish
an apple → apples	an activity → activities	a woman → women	a sheep → sheep
a class → classes	a library → libraries	a child → children	

・ 数えられない名詞 ・

▶一定の形を持たないもの	▶目に見えないもの	▶人名，地名，スポーツ
water, meat, cheese	music, love, air	Kenta, Tokyo, soccer

●数えられない名詞の量を表すときは，以下のものを使う。
a cup of 〜（カップ1杯の〜），a glass of 〜（グラス1杯の〜），a bottle of 〜（ボトル［びん］1本の〜），
a slice of 〜（ひと切れ［1枚］の〜），a piece of 〜（ひと切れの〜），some 〜（いくらかの〜）
例　a glass of water（グラス1杯の水）→ two glasses of water（グラス2杯の水）

☆チェック！　（　）内から適句する語句を選びなさい。

1
- □ (1) (Where / When) do you dance?　　　　あなたはどこでおどりますか。
  - — I dance (on / in) the gym.　　　　　　— 私は体育館でおどります。
- □ (2) (Where / When) is your umbrella?　　あなたの傘はどこにありますか。
  - — It's (near / in) the window.　　　　　— それは窓の近くにあります。

2
- □ (3) (Where / When) is the game?　　　　試合はいつですか。
  - — It's (on / in) August 8.　　　　　　　—8月8日です。

3
- □ (4) I want (drink / to drink) water.　　　私は水を飲みたいです。
- □ (5) I want to (be / am) a singer.　　　　私は歌手になりたいです。

4
- □ (6) (How / How many) oranges do you have?　あなたは何個のオレンジを持っていますか。

5
- □ (7) I have two (pen / pens) and (a / an) eraser. 私は2本のペンと1つの消しゴムを持っています。

テスト対策問題

♪ リスニング

♪ a10

1 対話を聞いて，最後の発言に対する応答として適するものを一つ選び，記号で答えなさい。

(1) ア In the gym.
イ Three days a week.
ウ I have four. （　　）

(2) ア I like it, too.
イ In that room.
ウ I have three caps. （　　）

2 (1)〜(4)は単語の意味を書きなさい。(5), (6)は日本語を英語にしなさい。

(1) shoe （　　　　　）
(2) excited （　　　　　　）
(3) next （　　　　　）
(4) week （　　　　　　）
(5) 今日（は） ＿＿＿＿＿＿
(6) 〜に勝つ ＿＿＿＿＿＿

2 重要単語
(1)ふつうは2つ1組で
shoes として使う。

3 次の日本文に合うように，＿＿＿に適する語を書きなさい。

(1) お元気ですか。 ＿＿＿＿ ＿＿＿＿ you?

(2) 幸運を祈ります。 Good ＿＿＿＿＿.

3 重要表現

おぼえよう!
「お元気ですか」
How are you?
「幸運を祈ります」
Good luck.

4 次の文を，下線部をたずねる疑問文に書きかえるとき，＿＿＿に適する語を書きなさい。

(1) Miki is <u>in the library</u>.
＿＿＿＿ ＿＿＿＿ Miki?

(2) The next game is <u>on December 21</u>.
＿＿＿＿ ＿＿＿＿ the next game?

4 where・when
(1) library「図書館」
(2) game「試合」

ポイント
場所をたずねる疑問詞
where
時をたずねる疑問詞
when

5 次の日本文に合うように，＿＿＿に適する語を書きなさい。

(1) 私は歌いたいです。 I ＿＿＿＿ ＿＿＿＿ sing.

(2) 私は芸術家（artist）になりたいです。
I ＿＿＿＿ ＿＿＿＿ ＿＿＿＿ an artist.

5 want to

おぼえよう!
「〜したい」
want to 〜
「〜になりたい」
want to be 〜

p.19 答 (1) Where / in (2) Where / near (3) When / on (4) to drink (5) be (6) How many (7) pens / an

6 次の対話文を読んで，あとの問いに答えなさい。

> *Meg:* Hi, Josh. What do you have ①(＿＿＿＿) that bag?
> *Josh:* A trumpet. I'm in the brass band.
> *Meg:* ②I see. ③[do / practice / where / you]?
> *Josh:* In the music room. But ④(＿＿＿＿) a concert, we practice in the gym.

(1) 下線部①が「そのバッグの中に」という意味になるように，(　)に適する語を書きなさい。

(2) 下線部②を日本語になおしなさい。（　　　　　　　　　　　）

(3) 下線部③が「あなたたちはどこで練習するのですか」という意味になるように，[　]内の語を並べかえなさい。

(4) 下線部④が「コンサートの前に」という意味になるように，(　)に適する語を書きなさい。

7 次の日本文に合うように，＿＿に適する語を書きなさい。

よく出る (1) あなたは何個のリンゴを持っていますか。

＿＿＿＿＿＿ ＿＿＿＿＿＿ apples do you have?

(2) [(1)に答えて] 私は1個のリンゴを持っています。

I have ＿＿＿＿＿＿ ＿＿＿＿＿＿.

ミス注意! (3) 私はボトル3本の水を持っています。

I have three ＿＿＿＿＿＿ ＿＿＿＿＿＿ water.

8 次の日本文を英語になおしなさい。

(1) あれらの女性はだれですか。

(2) [(1)に答えて] 彼女たちは私たちの先生です。

(3) 私は1週につき4日，テニスを練習します。

---

6 本文の理解

(1)「～の中に」という意味を表す1語を入れる。

(3)「どこで」を意味する疑問詞で文を始め，疑問文の形を続ける。

7 how many・名詞

(1)数をたずねるときの疑問詞。

ポイント

数をたずねる疑問詞
〈how many＋名詞の複数形〉

(2)

ミス注意!
母音で始まる語の前には an をつける。

(3)「ボトル」bottle

8 英作文

(1)「あれらの女性」
→ woman の複数形を使う。(2)では「あれらの女性」を1語で言いかえる。

(3)

おぼえよう!

「～につき，～ごとに」 a を使って表す。
two days a week
（1週につき2日）

21

テストに出る！ 予想問題

Unit 3〜Grammar for Communication 2
Club Activities〜名詞

⏱ 30分

/100点

🎵 **1** 対話と質問を聞いて，その答えとして適するものを一つ選び，記号で答えなさい。🎵 a11

4点×2〔8点〕

(1) ア　It's on the first floor.　　イ　It's on the second floor.
　　ウ　It's on the third floor.　　エ　It's on the fourth floor.　　（　　）

(2) ア　It's today.　　　　　　　イ　It's on Friday.
　　ウ　It's on Saturday.　　　　エ　It's on Sunday.　　　　　　　（　　）

2 絵を見て「〜個［匹］の…」という語句を作るとき，　　　　に適する語を書きなさい。

4点×4〔16点〕

(1) _____
　　_____

(2) _____
　　_____

(3) _____
　　_____

(4) _____
　　_____

よく出る **3** 次の対話が成り立つように，　　　　に適する語を書きなさい。

4点×3〔12点〕

(1) _____ do you play tennis? — At school.

(2) _____ _____ your birthday? — It's October 9.

(3) _____ _____ the zoo? — It's near the station.

4 次の日本文に合うように，　　　　に適する語を書きなさい。

4点×3〔12点〕

ミス注意！ (1) 彼(かれ)らは私の兄弟です。

_____ _____ my brothers.

(2) 私は毎日カップ1杯(ばい)の紅茶を飲みます。

I drink a _____ _____ tea every day.

よく出る (3) 調子はどうですか。— 私はわくわくしています。

_____ are _____? — I'm _____.

5 次の対話文を読んで，あとの問いに答えなさい。　　　　　　　　　　　〔22点〕

> *Meg:* 　（　①　）do you bring to practice?
> *Asami:* I bring my rackets, shoes, towels, and a water bottle.
> *Meg:* 　Rackets? ②[do / many / how / rackets / you] have?
> *Asami:* I have two.
> *Meg:* 　Wow.（　③　）do you practice?
> *Asami:* We practice five ④(day) a week. ⑤We're off on Tuesdays and Sundays.

(1) ①，③の（　）に適する語を下から一つずつ選び，記号で答えなさい。　　4点×2〈8点〉

　　ア　When　　イ　How　　ウ　Where　　エ　What　　①(　　)　③(　　)

(2) 下線部②が「あなたは何本のラケットを持っていますか」という意味になるように，〔　〕
　　内の語を並べかえなさい。　　　　　　　　　　　　　　　　　　　　　　〈5点〉

　　_____ have?

(3) ④の（　）内の語を適する形になおしなさい。　_____　〈4点〉

(4) 下線部⑤を日本語になおしなさい。　　　　　　　　　　　　　　　　　　〈5点〉

　　(　　　　　　　　　　　　　　　　　　　　　　　　　　　　　　　　)

6 〔　〕内の語句を並べかえて，日本文に合う英文を書きなさい。　6点×2〔12点〕

(1) 私たちのコーチは毎週土曜日に来ます。[come / on / coaches / our / Saturdays].

(2) 私は教師になりたいです。　〔 want / a teacher / to / I / be 〕.

7 次の日本文を英語になおしなさい。　　　　　　　　　　　　　　6点×3〔18点〕

(1) あなたはとても熱心にテニスを練習します。

(2) 私たちはブラスバンド(brass band)に入っています。

(3) 図書室はどこですか。― それは体育館の近くにあります。

　　　　　　　　　　　　　　　　　　　―

Friends in New Zealand 〜 疑問詞

テストに出る！ ココが要点＆チェック！

「〜してください」「〜しないでください」の文　教 p.38〜p.39

1 命令文，否定の命令文　→★(1)〜(3)

「〜してください[しなさい]」は，主語 you を省略し，動詞のもとの形（原形）で文を始める。
「〜しないでください[してはいけません]」は動詞の原形の前に don't を置く。

| 命令文 | | **Come** to the front. | 前に来なさい。 |

主語を省略　動詞の原形

Be brave.　勇気を出して。
be 動詞の原形は be

| 否定の命令文 | **Don't** worry. | 心配しないで。 |
〈Don't＋動詞の原形〉

> ● ていねいな命令文 ●
> ▶ていねいに言うときは，命令文の最初か最後に please をつける。
> Please come to the front.
> ＝Come to the front, please.
> （どうぞ）前に来てください。

「何時ですか」「何時に〜しますか」，「どんな[何の]〜」の文　教 p.40〜p.43

2 What time is it? / What time do you 〜?　→★(4)(5)

「何時ですか」は What time is it? と言う。答えるときは〈It is ＋時刻.〉で表す。「あなたは何時に〜しますか」は What time do you 〜? で表す。答えるときは〈at ＋時刻〉で表す。

What time is it? — It is noon. / It's twelve (o'clock).　何時ですか。
「何時」　　　　　　時刻を表す文の主語は it を使う。　　　　— 正午です。／ 12 時です。

What time do you have lunch? — **At** one. / We have lunch **at** one.
「何時に」　　　　　　　　　　　〈at＋時刻〉で「〜時に」

あなたたちは昼食を何時に食べますか。— 1 時です。／私たちは 1 時に昼食を食べます。

3 〈What ＋名詞 〜?〉　→★(6)

「どんな動物が好きですか」のように「どんな[何の]〜」とたずねるときは，〈What ＋名詞 〜?〉で表す。答えるときは Yes や No は使わず，具体的な内容を答える。

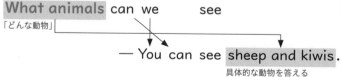

What animals can we　see　in New Zealand?
「どんな動物」

— You can see **sheep and kiwis**.
具体的な動物を答える

私たちはニュージーランドでどんな動物を見ることができますか。
— あなたたちはヒツジとキーウィを見ることができます。

What sport do you like?
「何のスポーツ」

— I like **netball**.
具体的なスポーツを答える

あなたは何のスポーツが好きですか。

— 私はネットボールが好きです。

いろいろな疑問詞

教 p.44〜p.45

4 疑問詞を使った疑問文のまとめ

→★(7)〜(9)

「何」「だれ」「いつ」「どこで」などをたずねるときに使う言葉を疑問詞という。疑問詞は文のはじめに置き，あとに疑問文の形を続ける。答えるときは，具体的な内容を答える。

be 動詞の文

That **is** Yumi.　　　　　　あちらはユミです。
主語　be 動詞を主語の前に

Is that　Yumi?　　　　　　あちらはユミですか。
人物がわからない

Who is that?　　　　　　あちらはだれですか。
「だれ」

— That **is** Yumi.　　　　　— あちらはユミです。
具体的な人物を答える

一般動詞の文

You **play** baseball after school.　あなたは放課後，野球をします。
主語　一般動詞　　目的語

Do you play baseball **after school**?　あなたは放課後，野球をしますか。
do を主語の前に　　　　　　　時がわからない

When do you play baseball?　あなたはいつ，野球をしますか。
「いつ」

— I **play** baseball **after school**.　— 私は放課後，野球をします。
具体的な時を答える

── 疑問詞のまとめ ──

what(何)　　　who(だれ)　　how(どう，どのように)　　when(いつ)　　where(どこに)
which*(どちら)　　whose*(だれの(もの))　　what 〜(どんな〜，何の〜)　　what time(何時に)
how many 〜(どれくらい多くの[いくつの]〜)　　whose* 〜(だれの〜)　　*p.42〜43で学習。

☆チェック！　（　）内から適する語句を選びなさい。

1
- □ (1) (Practice / You practice) the piano.　　ピアノを練習しなさい。
- □ (2) (Are / Be) kind.　　親切にしなさい。
- □ (3) (Don't / Not) run in the room.　　部屋の中で走らないで。

2
- □ (4) (What / When) time is it?　　何時ですか。
- □ (5) (What / When) time do you have breakfast?　あなたは何時に朝食を食べますか。
  ── I have breakfast (on / at) seven.　── 私は 7 時に朝食を食べます。

3
- □ (6) (What / How) subject do you like?　　あなたは何の教科が好きですか。

4
- □ (7) (When / Where) is my cap?　　私の帽子はどこにありますか。
- □ (8) (How many / How) pencils do you have?　あなたは何本のえんぴつを持っていますか。
- □ (9) (What / How) is the weather in Fukuoka?　福岡の天気はどうですか。

テスト対策問題

リスニング

♪ a12

1 対話を聞いて，内容に合う絵を一つ選び，記号で答えなさい。

ア　イ　ウ　エ　（　　）

---

2 (1)〜(4)は単語の意味を書きなさい。(5)，(6)は日本語を英語にしなさい。

(1) after　（　　　　　　）　(2) a.m.　（　　　　　　　）

(3) national　（　　　　　　）　(4) during　（　　　　　　　）

(5) 心配する　＿＿＿＿＿＿　(6) 〜を意味する　＿＿＿＿＿＿

2　重要単語
(1) before（〜の前に）の反対の意味の語。
(2) p.m.（午後）の反対の意味の語。

---

3 次の日本文に合うように，＿＿に適する語を書きなさい。

(1) 楽しんで。　＿＿＿＿＿＿ ＿＿＿＿＿＿.

(2) 札幌の天気はどうですか。

＿＿＿＿＿＿ the ＿＿＿＿＿＿ in Sapporo?

(3) [(2)に答えて]　晴れています。　＿＿＿＿＿＿ sunny.

3　重要表現
(1) enjoy を使って表す。
(2)(3)短縮形を使う。

ポイント
時刻や天気を表す文では it を主語にする。

---

4 次の文を（　）内の指示にしたがって書きかえなさい。

(1) You study English hard.　（「〜しなさい」という文に）

(2) You swim here.　（「〜しないで」という文に）

4　命令文
(1) 「〜しなさい」の文は，動詞の原形で文を始める。
(2) 「〜しないで」の文は，〈Don't ＋ 動詞の原形〉を使う。

---

5 [　]内の語を並べかえて，日本文に合う英文を書きなさい。

あなたは何時に起きますか。

[get / do / time / what / you / up]?

5　what time
「何時に」は what time。一般動詞の文。

---

p.25 答 (1) Practice　(2) Be　(3) Don't　(4) What　(5) What / at　(6) What　(7) Where　(8) How many　(9) How

6 次の対話文を読んで，あとの問いに答えなさい。

Asami: ①( )( ) is it in New Zealand?
David: It's ②noon.
Asami: Wow, noon. Are you hungry?
David: No. We have morning tea. So ③I'm not hungry.
Asami: What's "morning tea"?
David: ④It's a short break after second period.

(1) 下線部①が「ニュージーランドでは何時ですか」という意味に
なるように，( )に適する語を書きなさい。

_____ _____ is it in New Zealand?

(2) 下線部②と同じ意味を表す2語の英語を書きなさい。

(3) 下線部③の理由を日本語で書きなさい。
( )

(4) 下線部④を日本語になおしなさい。
( )

(1)時刻をたずねる疑問
文にする。

(2) noon は「正午」。

(3)直前の So（だから）
の前に理由が書かれて
いる。

7 次の日本文に合うように， ▒▒▒に適する語を書きなさい。

よく出る(1) あなたはどんな動物が好きですか。

_____ _____ do you like?

(2) [(1)に答えて] 私はネコが好きです。

_____ _____ cats.

7 〈what＋名詞〉

ポイント
「どんな[何の]〜」
〈what＋名詞〉で表す。

8 次の日本文を英語になおしなさい。

(1) あなたはどのように図書館へ行きますか。

よく出る(2) あなたは何冊の本を持っていますか。

(3) あなたはどこで勉強しますか。

8 英作文
(1)「どのように」は手
段をたずねる疑問詞を
使う。「図書館」library。
(2)「何冊の」→「どれ
くらい多くの」。数を
たずねる疑問詞を使う。
(3)場所をたずねる疑問
詞を使う。

テストに出る！
予想問題

Unit 4 〜 Grammar for Communication 3
Friends in New Zealand〜疑問詞

⏱ 30分

/100点

🎵 **1** 英文を聞いて，その内容に合うように（ ）に日本語を書きなさい。　🎵 a13　2点×4〔8点〕

好きな食べ物	①( )
好きな色	②( )
起きる時刻	③( )
放課後にすること	④( )

🔍よく出る **2** 次の日本文に合うように，_____に適する語を書きなさい。　5点×4〔20点〕

(1) あなたの番です。

It's _____ _____.

(2) 私は朝食にいくらかのフルーツかまたはヨーグルトを食べます。

I eat _____ fruit _____ yogurt for breakfast.

(3) 休憩中に水を飲んでください。

_____ drink water _____ the break.

(4) あなたはラグビーのことを言っているの？

_____ _____ rugby?

3 次の文を下線部が答えになる疑問文に書きかえるとき，_____に適する語を書きなさい。

(1) I live near <u>the station</u>.　5点×4〔20点〕

_____ _____ you live?

(2) They come to school <u>by bike</u>.

_____ _____ they come to school?

(3) That is <u>my mother</u>.

_____ _____ that?

ミス注意！ (4) I have <u>three</u> bags.

_____ _____ _____ do you have?

4 次の対話文を読んで，あとの問いに答えなさい。　　　　　　　　　　　〔24点〕

> *Kaito:* ① [we / can / animals / what / see] in New Zealand?
> *Emma:* You can see sheep, kiwis, ...
> *Kaito:* Kiwis? Kiwis are fruit, right?
> *Emma:* Yes, but kiwis are birds, too. ② They're brown and round like kiwi fruits.
> They're our national symbol.
> *Kaito:* I see. ③ (　　　)(　　　)(　　　) you like?
> *Emma:* I like netball. I'm on the netball team.

(1) 下線部①が「私たちはニュージーランドでどんな動物を見ることができますか」という
意味になるように，[ ]内の語を並べかえなさい。　　　　　　　　　　〈6点〉

　　　　　　　　　　　　　　　　　　　　　　　　　　　　 in New Zealand?

(2) 下線部②を，They が指すものを明らかにして日本語になおしなさい。　〈6点〉

　（　　　　　　　　　　　　　　　　　　　　　　　　　　　　　　　　　）

(3) 下線部③が「あなたは何のスポーツが好きですか」という意味になるように，（　）に適
する語を書きなさい。　　　　　　　　　　　　　　　　　　　　　〈6点〉

(4) 本文の内容に合うように，次の質問に対する答えの　　に適する語を書きなさい。〈6点〉
What team is Emma on?

― She's on the ＿＿＿＿＿ ＿＿＿＿＿.

5 [ ]内の語を並べかえて，日本文に合う英文を書きなさい。　　7点×2〔14点〕
(1) 秋田の天気はどうですか。　[the / in / how's / weather] Akita?

　　　　　　　　　　　　　　　　　　　　　　　　　　　　　Akita?

(2) あなたは何時に寝ますか。　[bed / do / what / go / time / to / you]?

6 次の日本文を英語になおしなさい。　　　　　　　　7点×2〔14点〕
(1) あの部屋を使わないで。

(2) 私たちはどんな果物を食べることができますか。

29

A Japanese Summer Festival 〜 "All about Me" Poster

テストに出る！ ココが要点&チェック！

前置詞
教 p.48〜p.49

1 場所・位置を表す前置詞
★(1)〜(3)

人やものの場所・位置を表すには, by(〜のそばに), under(〜の下に[で]), on(〜(の上)に[で]),
in(〜(の中)に[で, の])などの前置詞を使う。名詞の前に置き,〈前置詞＋名詞〉の形で使う。

Meg is **by the bench**.　　　　　　　　　メグはベンチのそばにいます。
　「いる」←「ベンチのそばに」

Look at the bench **under** the tree.　　木の下のベンチを見なさい。
　　　　　　　　　　「ベンチ」←「木の下の」

Look at the people **on the stage**.　　舞台上の人々を見なさい。
　　　　　　　　　　「人々」←「舞台上の」

- **場所・位置を表す前置詞** -

by　　　under　　　on　　　in

like 〜ing / enjoy 〜ing / be good at 〜ing
教 p.50〜p.51

2 「〜することが好きだ」「〜して楽しむ」「〜することが得意だ」の文
★(4)〜(6)

like 〜ing は「〜することが好きだ」, enjoy 〜ing は「〜して[することを]楽しむ」, be good
at 〜ing は「〜することが得意だ」という意味。

I like **dance**.　　　　　　　私はおどりが好きです。
　　　名詞

I **like dancing**.　　　　　　私はおどることが好きです。
　　　動詞 dance に ing がついた形

I am good at **dance**.　　　　私はおどりが得意です。
　　　　　　　　名詞

I **am good at dancing**.　　　私はおどることが得意です。
　　　　　　　動詞 dance に ing がついた形

- **動詞に ing がついた形** -

▶動詞に ing がついた形は「〜するこ
と」という意味になる。

play	(競技などを)する
→ playing	(競技などを)すること
dance	おどる
→ dancing	おどること
swim	泳ぐ
→ swimming	泳ぐこと

※動詞の ing のつけ方 → p.48

過去の文

教 p.52～p.53

3 過去にしたことを表す文

→☆チェック(7)～(9)

「行った」など過去にしたことについて表すときは，動詞の形を変える。この過去にしたことを表す形を過去形という。

現在の文 I **go** to the summer festival every year.　私は毎年夏祭りに行きます。

過去の文 I **went** to the summer festival <u>yesterday</u>.　私は昨日夏祭りに行きました。
　　　　　go の過去形　　　　　　　　　　　　└「昨日」。過去を表す語

◆ 動詞の過去形 ◆

go(行く) → went	eat(～を食べる) → ate	see(～を見る) → saw
have(～を持っている) → had	enjoy(～を楽しむ) → enjoyed	am, is → was

自己紹介

教 p.54～p.55

4 自己紹介でよく使う表現

→☆チェック(10)(11)

自分の名前は I'm ～., 好きなものは I like ～., 入っている部活動は I'm on the ～ team[in the ～club]., なりたいものは I want to be ～., だれ[何]のファンかは I'm a fan of ～. などで表す。

I'm <u>Tanaka Takeshi</u>. I like <u>soccer</u>. I'm on <u>the soccer team</u>.
　　　氏名　　　　　　　　好きなもの　　　　　　部活動

I want to be <u>a teacher</u>. I'm a big fan of <u>Sato Kenji</u>.
　　　　　　職業など　　　　　　　　　　　あこがれの人物など

　　　私は田中タケシです。私はサッカーが好きです。私はサッカー部に入っています。
　　　私は教師になりたいです。私は佐藤ケンジの大ファンです。

☆チェック!　（　）内から適する語を選びなさい。

1
- (1) My pencil is (on / in) the desk.　私のえんぴつは机の上にあります。
- (2) The man (in / under) the tree is my father.　木の下にいる男性は私の父です。
- (3) Look at the guitar (by / under) the window.　窓のそばのギターを見て。

2
- (4) I like (play / playing) tennis.　私はテニスをするのが好きです。
- (5) We enjoy (dance / dancing).　私たちはおどって楽しみます。
- (6) Are you good at (swim / swimming)?　あなたは泳ぐのが得意ですか。

3
- (7) We (go / went) to the zoo yesterday.　私たちは昨日，動物園に行きました。
- (8) I (eat / ate) fried noodles yesterday.　私は昨日，焼きそばを食べました。
- (9) It (is / was) sunny and hot yesterday.　昨日は晴れていて暑かったです。

4
- (10) I'm (on / by) the badminton team.　私はバドミントン部に入っています。
- (11) I want to (be / is) a singer.　私は歌手になりたいです。

☆チェック! の答えは次ページ ➡ 31

テスト対策問題

リスニング

♪ a14

1 英文と質問を聞いて，その答えとして適するものを一つ選び，記号で答えなさい。

(1)　ア　Yes, he is.　　　　イ　No, he's not.
　　　ウ　Yes, he can.　　　エ　No, he can't.　　　　　（　　　）

(2)　ア　On the bed.　　　　イ　Under the bed.
　　　ウ　On the desk.　　　 エ　Under the desk.　　　（　　　）

2 (1)〜(4)は単語の意味を書きなさい。(5), (6)は日本語を英語にしなさい。

(1)　hair　　（　　　　　　）　(2)　idea　　（　　　　　　）

(3)　movie　（　　　　　　）　(4)　age　　（　　　　　　）

(5)　終わり, 最後 ＿＿＿＿＿＿　(6)　人々　＿＿＿＿＿＿＿

2 重要単語
(6)つねに複数扱い。

3 次の日本文に合うように，＿＿に適する語を書きなさい。

(1)　ありがとう。　＿＿＿＿＿＿.

(2)　向こうの少年はだれですか。

　　　Who is the boy ＿＿＿＿＿ ＿＿＿＿＿?

(3)　梅雨は 5 月から 7 月です。

　　　Tsuyu is ＿＿＿＿＿ May ＿＿＿＿＿ July.

(4)　私はたくさんの本を持っています。

　　　I have ＿＿＿＿＿ ＿＿＿＿＿ books.

3 重要表現
(1) Thank you. のくだけた言い方。

おぼえよう！
「あそこに，あちらでは，向こうでは」
over there
「〜から…まで」
from 〜 to …
「たくさんの，多数の」
lots of

4 次の日本文に合うように，＿＿に適する語を書きなさい。

(1)　木の下で歌いましょう。

　　　Let's sing ＿＿＿＿＿ the tree.

(2)　ステージの上の女性は私の母です。

　　　The woman ＿＿＿＿＿ the stage is my mother.

(3)　そのカップは箱の中にあります。

　　　The cup is ＿＿＿＿＿ the box.

4 前置詞
(1) Let's 〜. は「〜しよう」という意味。

おぼえよう！
「〜の下に［で］」
under
「〜（の上）に［で］」
on
「〜（の中）に［で, の］」
in

p.31 答 ▶　(1) on　(2) under　(3) by　(4) playing　(5) dancing　(6) swimming　(7) went　(8) ate　(9) was　(10) on
(11) be

5 次の対話文を読んで，あとの問いに答えなさい。

> *Asami:* ① Josh, 〔 at / you're / dancing / good 〕!
> *Josh:* Thanks. I like dancing. ② (　　　　)(　　　　), Asami.
> 　　　 Let's dance together.
> *Asami:* Umm. No, thank you. ③ 〔 dancing / at / good / I'm / not 〕.
> *Josh:* ④ (　　　　)(　　　　) shy. You can do it!
> *Asami:* OK.

(1) 下線部①が「ジョシュ，あなたはおどることが得意です！」，
　　下線部③が「私はおどることが得意ではありません」という意味
　　になるように，〔 〕内の語を並べかえなさい。

　　　① Josh, _____ !

　　　③ _____

(2) 下線部②が「がんばって，朝美」，下線部④が「恥ずかしがら
　　ない<ruby>朝美<rt>あ さ み</rt></ruby>」，下線部④が「恥ずかしがら
　　ないで」という意味になるように，(　)に適する語を書きなさい。

　　　② _____ _____, Asami.

　　　④ _____ _____ shy.

6 次の文の(　)内から適する語を一つ選び，記号で答えなさい。

(1) I like (ア run　イ running) in the park. 　　　 (　　)

(2) I enjoy (ア sing　イ singing) with my friends. (　　)

(3) He is good at (ア play　イ playing) the guitar. (　　)

7 次の文の最後に yesterday を加えて全文を書きかえなさい。

(1) It is cold. _____

(2) We have a good time.

　　_____

　　_____

8 次の日本文を英語になおしなさい。
　　かべのポスターを見てください。

　　_____

　　_____

　　_____

5 本文の理解

(1)

ポイント

「〜することが得意だ」
〈be 動詞＋good at
〜ing〉

(2)② come を使って表
す。

④ 「〜しないで」は
〈Don't＋動詞の原形
〜.〉。

6 動詞に ing がつい
た形

おぼえよう！

like 〜ing
「〜することが好きだ」
enjoy 〜ing
「〜して楽しむ」
be good at 〜ing
「〜することが得意だ」

7 過去形

(1) is を過去形にする。

(2) have a good time
(楽しい時を過ごす)の
動詞 have を過去形に
する。

8 英作文

ミス注意！

前置詞 on は接触して
いる(くっついている)
状態を表す。

テストに出る！

予想問題

Unit 5 〜 Stage Activity 1
A Japanese Summer Festival 〜 "All about Me" Poster

⏱ 30分

/100点

1 英文を聞いて，内容に合う絵を一つ選び，記号で答えなさい。　　♪ a15　〔6点〕

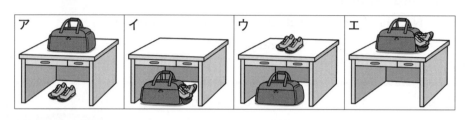

ア　イ　ウ　エ

（　　　）

2 次の日本文に合うように，_____に適する語を書きなさい。　　4点×5〔20点〕

(1) この図書館はたいてい静かです。This library _____ _____ quiet.

(2) ベンチはどこにありますか。 _____ the bench?

(3) いいえ，けっこうです。 No, _____ _____.

(4) 何か飲みましょう。 Let's drink _____.

(5) あなたならできます。 You _____ _____ it!

3 次の文の_____に，（　）内の語を適する形にかえて書きなさい。　　3点×3〔9点〕

(1) I like _____ the piano. （play）

(2) It _____ hot yesterday. （is）

(3) Please _____ quiet. （is）

4 次の英文を日本語になおしなさい。　　5点×3〔15点〕

(1) The girl in the yellow T-shirt is Miki.

　（　　　　　　　　　　　　　　　　　　　　　　　　）

(2) I jog with my friends around the park.

　（　　　　　　　　　　　　　　　　　　　　　　　　）

(3) What is your favorite sport?

　（　　　　　　　　　　　　　　　　　　　　　　　　）

5 次の英文を読んで，あとの問いに答えなさい。 〔23点〕

Yesterday, I ①(go) to the summer festival with Asami, Josh, and Kaito. ② We (　　　)(　　　) there. I ate a big candy apple. ③ It was delicious. ④ [end / at / the / festival / the / of], ⑤ we saw (　　　)(　　　) wonderful fireworks. We had a great time.

(1) ①の(　)内の語を適する形になおしなさい。 〈4点〉

(2) 下線部②が「私たちはそこでおどって楽しみました」，下線部⑤が「私たちはたくさんのすばらしい花火を見ました」という意味になるように，(　)に適する語を書きなさい。 4点×2〈8点〉

② We ______ ______ there.

⑤ we saw ______ ______ wonderful fireworks

(3) 下線部③を，It が指すものを明らかにして日本語になおしなさい。 〈6点〉

(　　　　　　　　　　　　　　　　)

よく出る (4) 下線部④が「その祭りの最後に」という意味になるように，[　]内の語を並べかえなさい。 〈5点〉

______________________________,

6 [　]内の語句を並べかえて，日本文に合う英文を書きなさい。 5点×3〔15点〕

よく出る (1) 私は泳ぐのが得意です。 [good / swimming / I'm / at].

(2) 木の下のイヌを見て。 [under / the tree / at / the dog / look].

(3) 彼(かれ)らはすてきな時を過ごしました。 [nice / they / time / a / had].

7 次の日本文を英語になおしなさい。 6点×2〔12点〕

(1) あなたはおどることが得意ですか。

やや難 (2) 緊張(きんちょう)しないで。

A Speech about My Brother 〜 三人称単数現在形

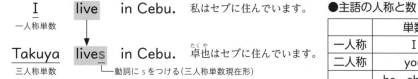

三人称単数現在形

教 p.57〜p.63，66

1 三人称単数現在形

→チェック (1)〜(3)

主語が I，you 以外(三人称)で 1 人・1 つ(単数)のとき，動詞には s または es をつける。この動詞の形を**三人称単数現在形**という。I，we は一人称，you は二人称という。

I　live　in Cebu.　私はセブに住んでいます。
一人称単数

Takuya　lives　in Cebu.　卓也はセブに住んでいます。
三人称単数　　└動詞に s をつける(三人称単数現在形)

●主語の人称と数

	単数	複数
一人称	I	we
二人称	you	you
三人称	he, she, it 人の名前 など	they 複数名詞 など

──── 三人称単数現在形 ────

▶s をつける
live → lives [z]
like → likes [s]
meet → meets [ts]
use → uses [iz]

▶es をつける
watch → watches [iz]
go → goes [z]
teach → teaches [iz]

▶y を i にかえて es をつける
study → studies [z]
try → tries [z]

▶特別な形
have → has

※[　]は語尾の発音

2 三人称単数現在形の否定文

→チェック (4)(5)

否定文は〈主語＋does not[doesn't]＋動詞の原形〜.〉で表す。動詞は原形(s，es のついていないもとの形)を使うことに注意。

肯定文 Takuya　writes　a blog.　卓也はブログを書きます。
　　　　　↓ s，es をつけない動詞の原形に
否定文 Takuya　does not　write　a blog.　卓也はブログを書きません。
　　　　動詞の前に
　　　　does not[doesn't]

3 三人称単数現在形の疑問文

→チェック (6)(7)

疑問文は〈Does＋主語＋動詞の原形〜?〉で表す。動詞は原形を使うことに注意。答えるときは does を使う。

肯定文　　Takuya　likes　Filipino food.　卓也はフィリピン料理が好きです。
　　　　　　　　↓ s，es をつけない動詞の原形に
疑問文 Does Takuya　like　Filipino food?　卓也はフィリピン料理が好きですか。
　　　does を主語の前に

　　　— Yes, he does. / No, he does not.　— はい，好きです。／
　　　　　does を使って答える　　[doesn't]　　　いいえ，好きではありません。

許可・依頼の文

教 p.64

4 「〜してもよいですか」（許可を求める文）

➡★(8)(9)

「〜してもよいですか」と許可を求めるときは，〈Can I＋動詞の原形〜?〉で表す。許可するときは，Sure. などと答える。許可しないときは，Sorry, but 〜(理由). などと答える。

Can I turn on the fan?
「〜してもよいですか」

扇風機をつけてもよいですか。

| 許可するとき | — Sure.[No problem. / All right.] | — もちろん。[いいですよ。／わかりました。] |

| 許可しないとき | Sorry, but I'm cold. | 申し訳ないのですが，私は寒いのです。 |
　　　　　　　　　　└─理由を続ける

5 「〜してくれますか」（依頼する文）

➡★(10)

「〜してくれますか」と依頼するときは，〈Can you＋動詞の原形〜?〉で表す。依頼を受けるときは，All right. などと答える。断るときは，Sorry, but 〜(理由). などと答える。

Can you help me?
「〜してくれますか」

手伝ってくれますか。

| 受けるとき | — All right.[No problem. / Sure.] | — わかりました。[いいですよ。／もちろん。] |

| 受けないとき | Sorry, but I'm busy now. | 申し訳ないのですが，私は今忙しいのです。 |
　　　　　　　　　　└─理由を続ける

☆チェック!　(1)〜(7)は( )内から適する語を選びなさい。(8)〜(10)は日本文に合うように( )に適する語を書きなさい。

1
- [ ] (1) Yoko (eat / eats) breakfast every day.　　ヨウコは毎日朝食を食べます。
- [ ] (2) Tom (play / plays) the trumpet.　　トムはトランペットを演奏します。
- [ ] (3) Mei and I (like / likes) animals.　　メイと私は動物が好きです。

2
- [ ] (4) He (don't / doesn't) have a dog.　　彼はイヌを飼っていません。
- [ ] (5) My brother doesn't (dance / dances).　　私の兄はおどりません。

3
- [ ] (6) Does Ken (play / plays) basketball?　　ケンはバスケットボールをしますか。
  　　 — Yes, he (do / does).　　— はい，します。
- [ ] (7) (Do / Does) Ms. White eat *natto*?　　ホワイト先生は納豆を食べますか。
  　　 — No, she (don't / doesn't).　　— いいえ，食べません。

4
- [ ] (8) (　　　　) I eat this apple?　　このリンゴを食べてもよいですか。
  　　 — (　　　　).　　— もちろん。
- [ ] (9) Can (　　　　) borrow the camera?　　そのカメラを借りてもよいですか。

5
- [ ] (10) Can (　　　　) open the window?　　窓をあけてくれますか。
  　　 — All (　　　　).　　— わかりました。

テスト対策問題

テスト対策★ナビ

リスニング

♪ a16

1 対話と質問を聞いて，その答えとして適するものを一つ選び，記号で答えなさい。

(1) ア　Yes, I do.　　イ　Yes, he does.　　ウ　No, he doesn't.　　（　　　）

(2) ア　Yes, she does. She plays soccer.

イ　No, she doesn't. She plays badminton.

ウ　No, she doesn't. She plays soccer.　　　　　　　　　　　（　　　）

2 (1)〜(6)は単語の意味を書きなさい。(7)〜(10)は日本語を英語にしなさい。

(1) weekend　（　　　　　　　）　(2) question　（　　　　　　　）

(3) language　（　　　　　　　）　(4) borrow　（　　　　　　　）

(5) problem　（　　　　　　　）　(6) local　（　　　　　　　）

(7) 学生，生徒　＿＿＿＿＿＿　(8) (〜を)あける　＿＿＿＿＿＿

(9) ドア，戸　＿＿＿＿＿＿　(10) 宿題　＿＿＿＿＿＿

2　重要単語
よく出る単語の意味を覚えよう。

3 次の日本文に合うように，＿＿に適する語を書きなさい。

(1) 私の姉は 16 歳です。

My sister is sixteen ＿＿＿＿＿＿ ＿＿＿＿＿＿.

(2) 私たちは音楽がとても好きです。

We like music ＿＿＿＿＿＿ ＿＿＿＿＿＿.

(3) 私はよくダイビングをしに行きます。

I often ＿＿＿＿＿＿ ＿＿＿＿＿＿.

(4) 私はリンゴあめ，アイスクリームなどを食べました。

I ate a candy apple, ice cream, ＿＿＿＿＿＿ so on.

(5) 私はたくさんの帽子を持っています。

I have a ＿＿＿＿＿＿ ＿＿＿＿＿＿ caps.

(6) ちょっと待って。　＿＿＿＿＿＿ a ＿＿＿＿＿＿.

3　重要表現
(1)「年」や「〜歳」を表す year を使う。
(3) go 〜ing で「〜しに行く」という意味。

ポイント

「たくさんの」
・many…数えられる名詞に使う。
・much…数えられない名詞に使う。
・a lot of…数えられる名詞と数えられない名詞の両方に使う。

4 次の文が現在の文になるように，（　）内の語を適する形にかえて＿＿に書きなさい。

(1) Jiro ＿＿＿＿＿＿ sports.　(like)

(2) Ken ＿＿＿＿＿＿ to school by bike.　(go)

(3) My brother ＿＿＿＿＿＿ well.　(dance)

(4) Haruko sometimes ＿＿＿＿＿＿ TV.　(watch)

(5) Takuya ＿＿＿＿＿＿ English hard.　(study)

(6) My sister ＿＿＿＿＿＿ a guitar.　(have)

4　三人称単数現在形

おぼえよう！

①ふつうの語
→ s をつける。
②語尾が s, sh, ch, x,〈子音字＋ o〉
→ es をつける。
③〈子音字＋ y〉で終わる語 → y を i にかえて es をつける。

p.37 答 (1) eats　(2) plays　(3) like　(4) doesn't　(5) dance　(6) play / does　(7) Does / doesn't　(8) Can / Sure
(9) I　(10) you / right

5 次の英文を読んで，あとの問いに答えなさい。

> ①Takuya usually posts pictures on his blog, but he can't take pictures in the sea. ②He (　　　)(　　　) a waterproof camera. So he wants ③one. He really ④(love) the beautiful sea life.

(1) 下線部①を日本語になおしなさい。

(　　　　　　　　　　　　　　　　　　　　　　　　　　)

(2) 下線部②が「彼は防水のカメラを持っていません」という意味になるように，(　)に適する語を書きなさい。

He ＿＿＿＿＿＿＿ ＿＿＿＿＿＿＿ a waterproof camera.

(3) 下線部③が指すものを，本文中の3語で書きなさい。

＿＿＿＿＿＿ ＿＿＿＿＿＿ ＿＿＿＿＿＿

(4) ④の(　)内の語を適する形になおしなさい。　＿＿＿＿＿＿

6 次の文を(　)内の指示にしたがって書きかえるとき，＿＿に適する語を書きなさい。

(1) Mary runs fast. (否定文に)

Mary ＿＿＿＿＿＿＿ ＿＿＿＿＿＿ fast.

(2) Ms. White lives in this town. (疑問文と Yes で答える文に)

＿＿＿＿＿＿ Ms. White ＿＿＿＿＿＿ in this town?

— Yes, ＿＿＿＿＿＿ ＿＿＿＿＿＿.

7 次の日本文に合うように，＿＿に適する語を書きなさい。

(1) コンピュータのスイッチを入れてもよいですか。

＿＿＿＿＿＿ ＿＿＿＿＿＿ turn on the computer?

(2) [(1)に答えて] いいですよ。　No ＿＿＿＿＿＿.

(3) 写真を撮ってくれますか。

＿＿＿＿＿＿ ＿＿＿＿＿＿ take a picture?

(4) [(3)に答えて] もちろん。　＿＿＿＿＿＿.

8 次の日本文を英語になおしなさい。

(1) 明美(Akemi)は果物が好きです。

＿＿＿＿＿＿＿＿＿＿＿＿＿＿＿＿＿＿＿＿＿＿＿＿

(2) フレッド(Fred)は料理をしません。

＿＿＿＿＿＿＿＿＿＿＿＿＿＿＿＿＿＿＿＿＿＿＿＿

(3) ベス(Beth)は日本語を勉強しますか。

＿＿＿＿＿＿＿＿＿＿＿＿＿＿＿＿＿＿＿＿＿＿＿＿

---

5 本文の理解

(1) post「～を掲示する」

(2) 否定文。空所が2つなので短縮形を使う。

(3) one は前に出てきた単数の名詞のかわりに使う語。

(4) 主語 He は三人称単数。

6 否定文・疑問文

ミス注意！

・否定文は〈主語＋does not[doesn't]＋動詞の原形～.〉で表す。

・疑問文は〈Does ＋主語＋動詞の原形～?〉で表す。

7 許可・依頼

おぼえよう！

「～してもよいですか」
Can I ～?
「～してくれますか」
Can you ～?

8 英作文

主語が三人称単数なので動詞の形に注意。

(2)は否定文。

(3)は疑問文。

テストに出る！

予想問題

Unit 6 〜 Grammar for Communication 4
A Speech about My Brother 〜 三人称単数現在形

⏱ 30分

/100点

1 対話を聞いて，内容に合う絵を一つ選び，記号で答えなさい。　🎵 a17 〔4点〕

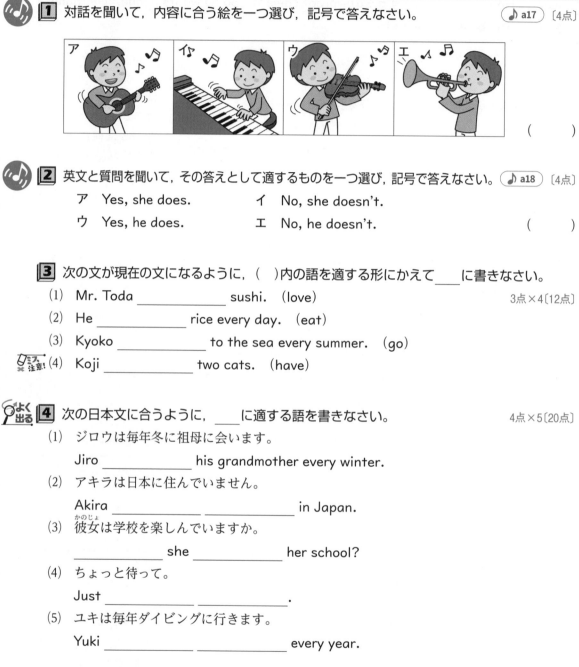

（　　　）

2 英文と質問を聞いて，その答えとして適するものを一つ選び，記号で答えなさい。　🎵 a18 〔4点〕

ア　Yes, she does.　　　イ　No, she doesn't.
ウ　Yes, he does.　　　エ　No, he doesn't.　　　　　　（　　　）

3 次の文が現在の文になるように，（　）内の語を適する形にかえて＿＿に書きなさい。

(1) Mr. Toda ＿＿＿＿＿＿ sushi.　(love)　　　　　　　　3点×4〔12点〕

(2) He ＿＿＿＿＿＿ rice every day.　(eat)

(3) Kyoko ＿＿＿＿＿＿ to the sea every summer.　(go)

ミス
注意！ (4) Koji ＿＿＿＿＿＿ two cats.　(have)

よく
出る **4** 次の日本文に合うように，＿＿に適する語を書きなさい。　　　4点×5〔20点〕

(1) ジロウは毎年冬に祖母に会います。

Jiro ＿＿＿＿＿＿ his grandmother every winter.

(2) アキラは日本に住んでいません。

Akira ＿＿＿＿＿＿ ＿＿＿＿＿＿ in Japan.

(3) 彼女は学校を楽しんでいますか。

＿＿＿＿＿＿ she ＿＿＿＿＿＿ her school?

(4) ちょっと待って。

Just ＿＿＿＿＿＿ ＿＿＿＿＿＿.

(5) ユキは毎年ダイビングに行きます。

Yuki ＿＿＿＿＿＿ ＿＿＿＿＿＿ every year.

5 次の対話が成り立つように，＿＿に適する語を書きなさい。　　　4点×3〔12点〕

(1) Does she write a blog? — No, she ＿＿＿＿＿＿.

(2) ＿＿＿＿＿＿ you help us? — All ＿＿＿＿＿＿.

ミス
注意！ (3) ＿＿＿＿＿＿ your sister cook? — ＿＿＿＿＿＿, ＿＿＿＿＿＿ does.

6 次の対話文を読んで，あとの問いに答えなさい。 〔21点〕

> Asami: ①[any / anyone / does / have] questions?
> Kaito: Yes. Does he like Filipino food?
> Asami: Yes, ②(＿＿＿)(＿＿＿) . He ③(like) *sinigang*. ④It's a sour soup.
> Kaito: Really? ⑤What does he like for dessert?
> Asami: *Halo-halo*. It's like a parfait. It's a mix of ice cream, fruit, sweet beans, shaved ice, ⑥など.

(1) 下線部①が「だれか何か質問はありますか」という意味になるように，〔 〕内の語を並べかえなさい。 〈4点〉

_____ questions?

(2) 下線部②の（ ）に適する語を書きなさい。 〈3点〉

_____ _____

(3) ③の（ ）内の語を適する形になおしなさい。 〈3点〉

_____

(4) 下線部④の It が指すものを，本文中の1語で書きなさい。 〈3点〉

_____

(5) 下線部⑤を日本語になおしなさい。 〈4点〉

(＿＿＿＿＿＿＿＿＿＿＿＿＿＿＿＿＿＿＿＿＿)

(6) 下線部⑥を3語の英語になおしなさい。 〈4点〉

_____ _____ _____

7 〔 〕内の語を並べかえて，日本文に合う英文を書きなさい。 4点×3〔12点〕

(1) ケンはたくさんの本を読みます。 〔 reads / books / lot / Ken / of / a 〕.

_____

(2) 彼はこのいすを使いません。 〔 use / chair / this / he / doesn't 〕.

_____

(3) 私は彼の宿題を手伝います。 I〔 homework / help / his / with / him 〕.

I _____ .

8 次の日本文を英語になおしなさい。 5点×3〔15点〕

(1) 田中先生(Ms. Tanaka)は歩いて学校に行きます。

_____

(2) このカメラを借りてもよいですか。

_____

(3) ケンタは自転車がほしいのですか。

_____

Foreign Artists in Japan〜 代名詞

テストに出る！ ココが要点＆チェック！

代名詞

教 p.67〜p.69, p.76

1 him（彼に[を]），her（彼女に[を]）など

→★(1)〜(5)

すでに話題に出た人やものについて言うときは代名詞を使う。代名詞は文の中での役割に応じて形をかえる。動詞のあとに置くときは，him（彼を[に]），her（彼女を[に]）などの形を使う。

That is Kaito. Do you know Kaito?
主語　動詞　　　目的語

That is Kaito. Do you know him?　あちらは海斗です。あなたは彼を知っていますか。
「海斗を」→「彼を」

That is Meg. Do you know Meg?
主語　動詞　　目的語

That is Meg. Do you know her?　あちらはメグです。あなたは彼女を知っていますか。
「メグを」→「彼女を」

●代名詞の形

	単数				複数			
	〜は，〜が（主語）	〜の	〜を，〜に（目的語）	〜のもの	〜は，〜が（主語）	〜の	〜を，〜に（目的語）	〜のもの
自分（一人称）	I	my	me	mine	we	our	us	ours
相手（二人称）	you	your	you	yours	you	your	you	yours
自分と相手以外（三人称）	he	his	him	his	they	their	them	theirs
	she	her	her	hers				
	it	its	it	–				
代名詞以外	Emi	Emi's	Emi	Emi's	boys	boys'	boys	boys'

「どれ，どちら」「だれの〜」の文

教 p.70〜p.73

2 Which 〜?

→★(6)(7)

「どれ」「どちら」とたずねるときは which を使った疑問文で表す。「A ですか，それとも B ですか」は，A or B? で表す。

Does she speak English?　　　　　　　　彼女は英語を話しますか。

Which does she speak, English or Japanese?　彼女は英語と日本語のどちらを話しますか。
「どちら」「どれ」　　　　　A or B?

— She speaks English.　　　　　　　　　— 彼女は英語を話します。
どちらかを具体的に答える

3 Whose 〜?　　　　　　　　　　　　　　　　　　　　チェック(8)

「だれの〜」と持ち主をたずねるときは，whose を使う。〈Whose＋名詞〜?〉で「だれの〜ですか」という文になる。「エミのもの」など人の名前を使って答えるときは，〈名前＋'s〉で表す。

Is this 　your ticket?　　これはあなたのチケットですか。
　　　　　　　　　　持ち主をたずねる

Whose ticket is this?　　　これはだれのチケットですか。
「だれの〜」

　　— It is mine.　　　— それは私のものです。
　　　　　　「私のもの」

体調をたずねる文，体調を説明する文　　　教 p.74

4 What's wrong? など　　　　　　　　　　　　　　　　チェック(9)

「どうしましたか」と相手の体調をたずねるときは，What's wrong? や What's the matter? などと言う。体調を説明するときは，I have 〜(症状). や I feel 〜. などで表す。

What's wrong? — I have a headache.　　どうしましたか。— 頭痛がします。
　　　　　　　　　　　　症状など

┌─────────── 体調に関する表現 ───────────┐
・I have a fever.　　（熱があります。）　　・I have a stomachache.　（おなかが痛いです。）
・I have a toothache.（歯が痛いです。）　　・I feel sick.　　　　　（気分が悪いのです。）
・That's too bad.　　（それはいけませんね。）・Go to the nurse's office.（保健室へ行きなさい。）
・Take this medicine.（この薬を飲みなさい。）・Go home and take a rest.（家へ帰って休みなさい。）
└────────────────────────────────────┘

☆チェック!　(1)〜(8)は（ ）内から適する語を選びなさい。(9)は日本文に合うように（ ）に適する語を書きなさい。

1
- □ (1) Do you know (he / him)?　　　　　あなたは彼を知っていますか。
- □ (2) I saw (she / her) yesterday.　　　私は昨日彼女に会いました。
- □ (3) Ken and Jun are brothers. I like (him / them).　ケンとジュンは兄弟です。私は彼らが好きです。
- □ (4) The dog loves (I / me).　　　　　そのイヌは私が大好きです。
- □ (5) (We / Our) teacher helps (you / your).　私たちの先生があなたを手伝います。

2
- □ (6) (Which / Whose) do you like, math or science?　あなたは数学と理科のどちらが好きですか。
　　— I (am / like) science.　　　　　— 私は理科が好きです。
- □ (7) Which do you play, soccer (and / or) tennis?　あなたはサッカーとテニスのどちらをしますか。
　　— I (play / like) tennis.　　　　　— 私はテニスをします。

3
- □ (8) (Whose / Which) bag is this?　　これはだれのかばんですか。
　　— It's (my / mine).　　　　　　　— それは私のものです。

4
- □ (9) What's (　　　　　　)?　　　　　どうしましたか。
　　— I (　　　　　　) a fever.　　　　— 私は熱があります。

☆チェック! の答えは次ページ➡ 43

テスト対策問題

🎵 リスニング

♪ a19

1 対話と質問を聞いて，その答えとして適するものを一つ選び，記号で答えなさい。

(1) ア　Yes, it is.　　　　　イ　No, it's not.
　　ウ　Yes, he does.　　　エ　No, he doesn't.　　　（　　）

(2) ア　Yes, she does.　　　イ　No, she doesn't.
　　ウ　She likes soccer.　　エ　She likes baseball.　　（　　）

2 (1)〜(6)は単語の意味を書きなさい。(7)〜(10)は日本語を英語にしなさい。

(1) useful　（　　　　　　）　(2) minute　（　　　　　　）

(3) maybe　（　　　　　　）　(4) still　（　　　　　　）

(5) perform　（　　　　　）　(6) headache （　　　　　）

(7) 切符, チケット ＿＿＿＿＿　(8) ただ〜だけ ＿＿＿＿＿

(9) 待つ　＿＿＿＿＿＿　(10) 歴史　＿＿＿＿＿＿

2　重要単語
よく出る単語の意味を覚えよう。

3 次の日本文に合うように，＿＿に適する語を書きなさい。

(1) あなたの帽子の扱いに気をつけて。

＿＿＿＿＿ ＿＿＿＿＿ ＿＿＿＿＿ your hat.

(2) 私たちは1時間勉強しました。

We studied ＿＿＿＿＿ an ＿＿＿＿＿.

(3) [相手にものを手渡すとき] はい，どうぞ。

＿＿＿＿＿ you ＿＿＿＿＿.

3　重要表現
(2)時間を表す前置詞を使う。

おぼえよう！

「〜の扱いに気をつける」
be careful with 〜
「はい，どうぞ」
Here you are.

4 次の文の＿＿に，（　）内の語を適する形にかえて書きなさい。ただし，かえる必要がないものはそのまま書くこと。

(1) They're my friends. Do you know ＿＿＿＿？（they)

(2) This is Josh. I like ＿＿＿＿.　(he)

(3) Please call ＿＿＿＿ Rin.　(I)

(4) We love ＿＿＿＿.　(you)

(5) Can you join ＿＿＿＿？　(we)

(6) Look at ＿＿＿＿.　(she)

4　代名詞「〜を，〜に」

おぼえよう！

「〜を[に]」を表す語	
私	me
私たち	us
あなた（たち）	you
彼	him
彼女	her
それ	it
彼(女)ら，それら	them

5 [　]内の語や記号を並べかえて，日本文に合う英文を書きなさい。

あなたはふつう，ご飯とパンのどちらを食べますか。

[eat / which / or / you / rice / usually / , / bread / do]？

＿＿＿＿＿＿＿＿＿＿＿＿＿＿＿＿＿＿＿＿＿

5　which
Which 〜, A or B? で表す。usually（ふつう）は一般動詞の前に置く。

p.43 答　(1) him　(2) her　(3) them　(4) me　(5) Our, you　(6) Which / like　(7) or / play　(8) Whose / mine
(9) wrong / have

6 次の対話文を読んで，あとの問いに答えなさい。

> *Meg:* What is *rakugo*?
> *Kaito:* ①It's Japanese comic storytelling.　②A performer on a cushion plays different roles. The performer uses only ③two props, a fan and a hand towel.
> *Meg:* Sounds interesting.
> *Kaito:* Diane Kichijitsu ④(have) a show in Midori Hall next Sunday.　⑤(　　　) (　　　)(　　　) go together?
> *Meg:* Sure!

(1) 下線部①の It が指すものを，本文中の1語で書きなさい。
_____

(2) 下線部②を日本語になおしなさい。
(　　　　　　　　　　　　　　　　　　　)

(3) 下線部③の具体的な内容を2つ，日本語で書きなさい。
(　　　　　　　　)(　　　　　　　　)

(4) ④の(　)内の語を適する形になおしなさい。
_____

(5) 下線部⑤が「いっしょに行きませんか」という意味になるように，(　)に適する語を書きなさい。
_____ _____ _____ go together?

7 次の文を，下線部をたずねる疑問文に書きかえるとき，___に適する語を書きなさい。

(1) That is my bike.
_____ bike _____ that?

(2) This is his camera.
_____ _____ is _____?

8 次の日本文に合うように，___に適する語を書きなさい。

(1) ［具合が悪そうな相手に］　どうかしたのですか。
_____ wrong?

(2) 休んでください。Please take _____ _____.

9 次の日本文を英語になおしなさい。

(1) あれはだれの傘ですか。
_____

(2) 私はハルカの歌が好きです。
_____

(1) it は前に出てきた単数のものをさす。
(2)〜 cushion までが主語。
(3) prop は「小道具」。
(4)主語の Diane Kichijitsu は三人称単数。
(5)疑問詞 why を使って表す。

7 whose
(1)「あれは<u>私の</u>自転車です」の下線部をたずねる文に。
(2)「これは<u>彼の</u>カメラです」の下線部をたずねる文に。

8 体調
おぼえよう！
「どうかしたのですか」
What's wrong?
「どうかしましたか」
What's the matter?
「ひと休みする」
take a rest

9 英作文
(1)「傘」umbrella
(2)「(名前)の」は〈名前＋'s〉で表す。

テストに出る！
予想問題

Unit 7 〜 Grammar for Communication 5
Foreign Artists in Japan 〜 代名詞

⏱ 30分

/100点

1 対話を聞いて，内容に合う絵を一つ選び，記号で答えなさい。　　♪ a20 〔4点〕

ア　　　イ　　　ウ　　　エ

(　　　)

2 次の日本文に合うように，＿＿に適する語を書きなさい。　　4点×6〔24点〕

(1) ピザを食べませんか。

＿＿＿＿＿＿ ＿＿＿＿＿ we eat pizza?

(2) ひと休みしてもいいですか。

Can I ＿＿＿＿＿ a ＿＿＿＿＿ ?

(3) あれらのボールは私たちのものです。

Those balls are ＿＿＿＿＿ .

(4) 彼らを手伝ってくれますか。

Can you help ＿＿＿＿＿ ?

(5) 私は頭痛がします。

I ＿＿＿＿＿ a ＿＿＿＿＿ .

(6) それはいけませんね。

＿＿＿＿＿ too ＿＿＿＿＿ .

3 次の対話が成り立つように，＿＿に適する語を書きなさい。　　4点×3〔12点〕

(1) ＿＿＿＿＿ pencil is this?

— It's Yuri's.

(2) ＿＿＿＿＿ do you drink, coffee ＿＿＿＿＿ tea?

— I drink coffee.

(3) Is this your pen?

— No, it's not. It is not ＿＿＿＿＿ . It's Masaki's.

4 次の文を（　）内の指示にしたがって書きかえなさい。　　4点×2〔8点〕

(1) This is her chair. （This chair で始めてほぼ同じ内容を表す文に）

＿＿＿＿＿＿＿＿＿＿＿＿＿＿＿＿＿＿＿＿＿＿＿＿＿＿

(2) That is Tom's book. （下線部をたずねる疑問文に）

＿＿＿＿＿＿＿＿＿＿＿＿＿＿＿＿＿＿＿＿＿＿＿＿＿＿

5 次の対話文を読んで，あとの問いに答えなさい。　〔20点〕

> *Meg:* The doors open ①(　　　　) five minutes. I can't wait! Oh, ...
> ②[this / ticket / whose / is]? Is it yours, Josh?
> *Josh:* No. I have ③mine. Maybe it's Kaito's. Hey, Kaito. Is this ④(you)?
> *Kaito:* Oops! Yes, it's mine.
> *Meg:* Here you are. ⑤(　　　)(　　　　)(　　　　) that.
> *Kaito:* Thanks.

(1) 下線部①が「5分後に」という意味になるように，（　）に適する語を書きなさい。〈4点〉

　　_____ five minutes

(2) 下線部②が「これはだれのチケットですか」という意味になるように，〔　〕内の語を並べかえなさい。　〈4点〉

　　_____

(3) 下線部③の mine とは何ですか。2語の英語で書きなさい。　〈4点〉

　　_____ _____

(4) ④の（　）内の語を適する形になおしなさい。　　_____〈4点〉

(5) 下線部⑤が「それの扱いに気をつけて」という意味になるように，（　）に適する語を書きなさい。　〈4点〉

　　_____ _____ _____ that.

6 〔　〕内の語や記号を並べかえて，日本文に合う英文を書きなさい。　4点×2〔8点〕

(1) それらはだれのノートですか。

　　[they / whose / are / notebooks]?

　　_____

(2) あなたはチーズとヨーグルトのどちらがほしいですか。

　　[want / which / cheese / you / or / do / ,] yogurt?

　　_____ yogurt?

7 次の日本文を英語になおしなさい。　6点×4〔24点〕

(1) 私は彼らがとても好きです。

　　_____

(2) これはだれのタオルですか。

　　_____

(3) [(2)に答えて]　それは私のものです。

　　_____

(4) あの男性は日本語と英語のどちらを話しますか。

　　_____

A Surprise Party 〜 現在進行形

テストに出る！ ココが要点＆チェック！

「〜しています」「〜しているところです」の文　教 p.77〜p.81, p.86

1 現在進行形の肯定文・否定文　➡★(1)〜(3)

ちょうど今している動作について「〜しています」「〜しているところです」と言うときは，〈am [are, is]＋動詞の ing 形〉で表す（現在進行形）。否定文は be 動詞のあとに not を置く。

| 現在の文 | I | watch | TV every day. | 私は毎日テレビを見ます。 |

「〜します」

| 現在進行形の文 | I | am | watching | TV now. | 私は今テレビを見ています。 |

〈be 動詞＋動詞の ing 形〉「〜しています」。今進行中の動作

| 否定文 | I | am | not | watching | TV now. | 私は今テレビを見ていません。 |

└ be 動詞のあとに not

┌─ **動詞の ing 形の作り方** ─┐

▶ing をつける
play → playing
watch → watching
walk → walking

▶e をとって ing をつける
come → coming
dance → dancing
take → taking

▶最後の文字を重ねて ing をつける
get → getting
run → running
swim → swimming

2 現在進行形の疑問文　➡★(4)(5)

疑問文は，〈Am[Are, Is]＋主語＋動詞の ing 形〜?〉で表す。答えるときは，am, are, is を使う。疑問詞を使った疑問文は疑問詞で文を始め，答えるときは現在進行形で答える。

| 肯定文 | You | are | taking | a picture. | あなたは写真を撮っています。 |

| 疑問文 | Are | you | taking | a picture? | あなたは写真を撮っているのですか。 |

be 動詞を主語の前に

— Yes, I am. / No, I am not.

be 動詞を使って答える

— はい，そうです。／
いいえ，ちがいます。

| 肯定文 | You | are | writing | a birthday card. | あなたは誕生日カードを書いています。 |

| 疑問文 | What | are | you | doing? | あなたは何をしていますか。 |

疑問詞で文を始める　「〜している」

— I am writing a birthday card.

現在進行形で答える

— 私は誕生日カードを書いています。

「なんて～だろう！」の文

教 p.82～p.83

3 感動を表す文

➡★(6)(7)

「なんて～だろう！」と感動を表すときは、〈How＋形容詞[副詞]＋!〉の形を使う。また、名詞を含む文のときは、〈What＋(a[an]＋)形容詞＋名詞＋!〉の形を使う。

How nice!　　　　　なんてすてきなのでしょう！
└─形容詞

What a cute bag!　　なんてかわいいバッグでしょう！
　　　形容詞　└─名詞

グリーティングカードの書き方

教 p.84

4 グリーティングカードの書き出しと終わりで使う表現

➡★(8)(9)

誕生日カードや、お礼のカードでは、〈Dear＋相手の名前,〉で書き始める。終わりのあいさつでは、Best wishes, や Love,, Take care, などの言葉を自分の名前の前に添える。

書き出し──**Dear** Mike,

メッセージ── Happy Birthday!

添える言葉── Have a great day!

　　　　　　　　　　　Best wishes,
　　　　　　　　　Kenji ──終わりのあいさつ
　　　　　　　　　　──自分の名前

・ メッセージ ・

Happy birthday!
「お誕生日おめでとう」
Happy New Year!
「新年おめでとう」
Get well soon!
「早く元気になってね」

☆チェック！　（　）内から適する語句を選びなさい。

1
- □ (1) I'm (study / studying) English.　　　私は英語を勉強しています。
- □ (2) My sister (am / is) playing the trumpet.　私の姉はトランペットを演奏しています。
- □ (3) The boys (is / are) not eating lunch.　少年たちは昼食を食べていません。

2
- □ (4) (Is / Does) your father cooking now?　あなたのお父さんは今料理していますか。
　　　— Yes, he (is / does).　　　　　　　— はい、料理しています。
- □ (5) What (are / is) she doing?　　　　彼女は何をしていますか。
　　　— She (is reading / reads) a book.　— 彼女は本を読んでいます。

3
- □ (6) (How / What) hot!　　　　　　　なんて暑いんでしょう！
- □ (7) (How / What) a big dog!　　　　なんて大きなイヌでしょう！

4
- □ (8) (Take care / Dear) Beth, ...　　[カードの書き出しで]　親愛なるベス、…
- □ (9) (Happy / Good) birthday!　　　お誕生日おめでとう！

テスト対策問題

テスト対策 ナビ

🎵 リスニング

♪ a21

1 次の絵を説明する文として適するものをア〜エから一つ選び，記号で答えなさい。

(1)

(　　　)

(2)

(　　　)

2 (1)〜(6)は単語の意味を書きなさい。(7)〜(10)は日本語を英語にしなさい。

(1) tomorrow （　　　　　）　(2) prepare （　　　　　）

(3) say （　　　　　）　(4) quickly （　　　　　）

(5) video game（　　　　　）　(6) forever （　　　　　）

(7) （〜を)忘れる ＿＿＿＿＿　(8) 起こる,生じる ＿＿＿＿＿

(9) ひまな ＿＿＿＿＿　(10) そのとき(に) ＿＿＿＿＿

3 次の日本文に合うように，＿＿に適する語を書きなさい。

(1) 私たちは試合を楽しみに待っています。

　We're ＿＿＿＿ ＿＿＿＿ ＿＿＿＿ the game.

(2) さよなら。— またね。　＿＿＿＿—＿＿＿＿ you.

(3) それを読んでもいい？ — もちろん。

　Can I read that? — Of ＿＿＿＿.

(4) ありがとう。— どういたしまして。

　Thank you. — You're ＿＿＿＿.

4 次の文の＿＿に，( )内の語を適する形にかえて書きなさい。

(1) I'm ＿＿＿＿ my homework. （do)

(2) A dog is ＿＿＿＿ in the pond. （swim)

(3) Some boys are ＿＿＿＿ the gym. （use)

(4) Mr. Cook is not ＿＿＿＿ Japanese. （study)

5 次の対話が成り立つように，＿＿に適する語を書きなさい。ただし，すべて現在の文です。

(1) ＿＿＿＿ you taking a rest? — Yes, I ＿＿＿＿.

(2) ＿＿＿＿ the girls playing netball?

　— No, ＿＿＿＿ ＿＿＿＿ ＿＿＿＿.

(3) ＿＿＿＿ ＿＿＿＿ Mr. Tanaka doing?

　— He ＿＿＿＿ watching a video.

---

2 重要単語
(3)言葉を発するという動作。

3 重要表現
(1) We're と be 動詞があることに注意。

おぼえよう！

「〜を楽しみに待つ」
look forward to 〜
「またね」See you.
「もちろん」Of course.
「どういたしまして」
You're welcome.

4 現在進行形の肯定文・否定文
(2)語尾が〈短母音＋子音字〉→子音字を重ねて ing をつける。
(3) e で終わる語 → e をとって ing をつける。

5 現在進行形の疑問文

ポイント

現在進行形の疑問文
be 動詞を主語の前に置く。

---

p.49 答　(1) studying　(2) is　(3) are　(4) Is / is　(5) is / is reading　(6) How　(7) What　(8) Dear　(9) Happy

6 次の電話での対話文を読んで，あとの問いに答えなさい。

> *Meg:* Hello?
> *Kaito:* Hello, Meg? This is Kaito. Are you busy now?
> *Meg:* No. ① I'm watching TV, but I can talk. ② どうしたのですか。
> *Kaito:* I'm ③(think) about tomorrow. Are you free?
> *Meg:* Tomorrow? Yes, I'm free. Why?
> *Kaito:* Well, can you come to my house? We can play my new video game together.
> *Meg:* ④ (_____)(_____) fun.

(1) 下線部①を日本語になおしなさい。
(   )

(2) 下線部②を2語の英語になおしなさい。
_____ _____?

(3) ③の( )内の語を適する形になおしなさい。 _____

(4) 下線部④が「楽しそうですね[楽しそうに聞こえますね]」という意味になるように，( )に適する語を書きなさい。
_____ _____ fun.

7 次の日本文に合うように，____に適する語を書きなさい。

(1) なんて速いんでしょう！ _____ fast!

(2) なんて美しい鳥でしょう！
_____ a _____ bird!

8 右のカードについて，次の問いに答えなさい。

(1) ①の( )に適する語を書きなさい。 _____

(2) 下線部②が「早く元気になってね」という意味の文になるように( )に適する語を書きなさい。
_____ _____

> (①) Mika,
> ② (_____)(_____) soon!
> Your friend,
> Miyuki

9 次の日本文を英語になおしなさい。

(1) 私たちは部屋を飾っています。
_____

(2) あなたはパーティーを楽しんでいますか。
_____

6 本文の理解
(1)前半は現在進行形，後半は can の文。
(3)前に I'm[I am]があるので現在進行形にする。
(4)「～のように聞こえる」は sound like ～ で表す。動詞は三人称単数現在形にする。

7 感動を表す文
ポイント
「なんて～だろう！」の文
・〈How ＋形容詞[副詞]!〉
・〈What＋(a[an]＋)形容詞＋名詞!〉

8 カードの書き方
(1)「親愛なる～(様)」という意味の語。
(2)「(ある状態)になる」という意味の get を使い，あとに形容詞を続ける。

9 英作文
現在進行形で表す。
(1)「飾る」は decorate。
(2)「楽しむ」は enjoy。

テストに出る！
予想問題

Unit 8 〜 Grammar for Communication 6
A Surprise Party 〜 現在進行形

30分

/100点

1 対話と質問を聞いて，その答えとして適するものを一つ選び，記号で答えなさい。　♪ a22

(1)　ア　Yes, she is.　　　　　イ　No, she's not.　　　3点×2〔6点〕

　　ウ　She is in her room.　エ　She is studying.　　　（　　　）

(2)　ア　Yes, he is.　　　　　イ　No, he's not.

　　ウ　He's free.　　　　　エ　He's doing his homework.　（　　　）

2 次の日本文に合うように，＿＿に適する語を書きなさい。　3点×6〔18点〕

(1)　このケーキを食べてもいいですか。― もちろん。

　　Can I eat this cake? ― ＿＿＿＿＿＿＿ ＿＿＿＿＿＿＿.

(2)　私はそのパーティーを楽しみに待っています。

　　I'm ＿＿＿＿＿＿＿ ＿＿＿＿＿＿＿ ＿＿＿＿＿＿＿ the party.

(3)　何が起こっているのですか。

　　＿＿＿＿＿＿＿ ＿＿＿＿＿＿＿?

(4)　彼らはお祭りの準備をしています。

　　They ＿＿＿＿＿＿＿ ＿＿＿＿＿＿＿ the festival.

(5)　よいお年を。　＿＿＿＿＿＿＿ ＿＿＿＿＿＿＿ for the new year.

(6)　サプライズ！― まあ！

　　Surprise! ― Oh, my ＿＿＿＿＿＿＿!

3 次の文が現在進行形の文になるように，（　）内の語を使って文を完成させなさい。

(1)　I ＿＿＿＿＿＿＿ ＿＿＿＿＿＿＿ a comic book.　（read）　2点×4〔8点〕

(2)　We ＿＿＿＿＿＿＿ ＿＿＿＿＿＿＿ pizza.　（make）

(3)　Joe ＿＿＿＿＿＿＿ ＿＿＿＿＿＿＿ the guitar.　（play）

(4)　Some girls ＿＿＿＿＿＿＿ ＿＿＿＿＿＿＿ in the park.　（run）

4 次の対話が成り立つように，＿＿に適する語を書きなさい。　3点×4〔12点〕

(1)　Are the students studying science?

　　― Yes, ＿＿＿＿＿＿＿ ＿＿＿＿＿＿＿.

(2)　＿＿＿＿＿＿＿ ＿＿＿＿＿＿＿ tomorrow.

　　― Bye.

(3)　Thank you very much.

　　― You're ＿＿＿＿＿＿＿.

(4)　＿＿＿＿＿＿＿ ＿＿＿＿＿＿＿ the boy doing?

　　― He is talking with his friends.

5 次の対話文を読んで，あとの問いに答えなさい。　　　　　　　　　　〔16点〕

> *Josh:* ①(　　　　)(　　　　) a video for Meg. ②<u>What are you doing?</u>
> *Asami:* I'm ③(write) a birthday card.
> *Josh:* Great. ④[something / say / Meg / to].
> *Asami:* ⑤(　　　　)(　　　　), Meg!　Let's be best friends forever!

(1) 下線部①が「ぼくはメグのためにビデオを撮っています」という意味になるように，(　)に適する語を書きなさい。　　　　　　　　　　　　　_____ _____ 〈3点〉

(2) 下線部②の英文を日本語になおしなさい。　　　　　　　　　　　　〈3点〉
(　　　　　　　　　　　　　　　　　　　　　　　　　　　　　　　　　　　　)

(3) ③の(　)内の語を適する形になおしなさい。　　　　　_____ 〈3点〉

(4) 下線部④が「メグに何か言って」という意味になるように，[　]内の語を並べかえなさい。
_____　〈4点〉

(5) 下線部⑤が「誕生日おめでとう，メグ！」という意味になるように，(　)に適する語を書きなさい。　　　　　　　　　　　　　　　　　_____ _____ 〈3点〉

6 次の文を(　)内の指示にしたがって書きかえなさい。　　　4点×5〔20点〕

(1) I drink coffee <u>every morning</u>.　（下線部を now にかえて現在進行形の文に）
_____

(2) Mina is practicing the piano.　（否定文に）
_____

(3) Those girls are singing together.　（疑問文に）
_____

(4) Kenji is <u>taking pictures</u>.　（下線部をたずねる疑問文に）
_____

(5) That's interesting.　（「なんて～だろう！」という感動を表す文に）
_____

7 次の日本文を英語になおしなさい。　　　　　　　　　　　　5点×4〔20点〕

(1) 私たちは映画を見ています。
_____

(2) なんてかわいいネコでしょう！
_____

(3) あなたはそのコンピュータを使っていますか。
_____

(4) エリ(Eri)は何をしていますか。
_____

Think Globally, Act Locally 〜 My Hero

テストに出る! **ココが要点&チェック!**

「〜すること」の表し方

教 p.87〜p.91

1 不定詞の名詞的用法

→★エラララ(1)〜(3)

「〜すること」は〈to＋動詞の原形〉で表す。この形を**不定詞**という。この不定詞は名詞のはたらきをして、want, try, need などの動詞の目的語になる。（名詞的用法）

She wants <u>to help</u> people in need.　　　彼女は困っている人々を助けたいと思っています。
主語　　動詞　　目的語 └〈to＋動詞の原形〉「〜すること」

She tries <u>to do</u> her best.　　　彼女は最善を尽くそうとしています。
主語　　動詞　　目的語

┌──── 〈動詞＋to＋動詞の原形 〜〉 ────┐

want to 〜 「〜したい」　　　　　try to 〜 「〜しようと試みる，努力する」
need to 〜 「〜する必要がある」　　like to 〜 「〜することが好きだ」

2 不定詞の名詞的用法の否定文・疑問文

→★エラララ(4)〜(6)

否定文は don't[doesn't]を動詞の前に置く。疑問文は do[does]を主語の前に置く。**What do you want to 〜?** は「あなたは何を〜したいですか」という意味。

| 肯定文 | I | **want to eat** curry. | 私はカレーを食べたいです。 |
| | 主語 | └1つの動詞としてとらえる | |

否定文　I **don't** **want to** eat curry.
don't[doesn't]を動詞の前に
私はカレーを食べたくありません。

疑問文　**Do** you **want to eat** curry?
do[does]を主語の前に 主語
あなたはカレーを食べたいですか。

— Yes, I **do**. / No, I **don't**.
do[does]を使って答える
— はい，食べたいです。／いいえ，食べたくありません。

疑問文 **What** **do** you **want to do**?
疑問詞
あなたは何をしたいですか。

— I **want to try** some ethnic food.
具体的に答える
— 私はエスニック料理を食べてみたいです。

54

「〜に見える」の文

教 p.92〜p.93

3 〈look＋形容詞〉 ➡★(7)

「〜(のよう)に見える」と話し手が見て判断したことについて言うときは，〈look＋形容詞〉で表す。

The children **are** happy.　　　　　　　子供たちは幸せです。
「子供たち」＝「幸せ」

The children **look** happy.　　　　　　子供たちは幸せそうに見えます。
〈look＋形容詞〉「子供たち」＝「幸せ」に見える

〈look＋形容詞〉でよく使う形容詞

happy 「幸せな，うれしい」	sad 「悲しい」	tired 「疲れた」	
hungry 「空腹の，飢えた」	thirsty 「のどのかわいた」	sleepy 「眠い」	

道案内

教 p.94

4 道をたずねる・案内するときの表現 ➡★(8)〜(10)

「〜をさがしています」は I'm looking for 〜. などで表す。Go along this street.(この道に沿って行ってください)，Turn left[right] at 〜.(〜で左[右]に曲がってください)などで答える。

I'm looking for Midori Station.　私は緑駅をさがしています。
look for 〜「〜をさがす」

— Go along this street.　この道に沿って行ってください。
go along 〜「(通り，道)を進む」

Turn left at the second traffic light.
turn left[right]「左[右]に曲がる」

　　　　　　2つ目の信号を左に曲がってください。

道案内でよく使う表現

Where is 〜?「〜はどこですか」
How can I get to 〜?
「どうすれば〜まで行けますか」
Go straight for 〜 block(s).
「〜区画分まっすぐ行ってください」
You can see it on your right[left].
「右手[左手]に見えてきます」
Pardon me?「何とおっしゃいましたか」

☆チェック！ (　)内から適する語句を選びなさい。

1
- (1) I want (see / to see) you.　私はあなたに会いたいです。
- (2) He tries to (read / reads) the book.　彼はその本を読もうとしています。
- (3) We needed to (clean / cleaned) the park.　私たちは公園をきれいにする必要がありました。

2
- (4) I (am not / don't) want to go there.　私はそこに行きたくありません。
- (5) (Do / Are) we need to bring lunch?　私たちは昼食を持ってくる必要はありますか。
- (6) What do you want (doing / to do)?　あなたは何をしたいですか。
  - — I want (playing / to play) tennis.　— 私はテニスをしたいです。

3
- (7) You (look / look for) sleepy.　あなたは眠そうに見えます。

4
- (8) I'm (looking at / looking for) the museum.　私は美術館をさがしています。
- (9) Go (with / along) this river.　この川に沿って行ってください。
- (10) Turn (left / right) at the traffic light.　その信号を右に曲がってください。

テスト対策問題

テスト対策⚡ナビ

♪ a23

🎵 リスニング

1 対話と質問を聞いて，その答えとして適するものを一つ選び，記号で答えなさい。

(1) ア In the park.　　　　　イ With the boy.

　　ウ Yes, she does.　　　エ No, she doesn't.　　　(　　)

(2) ア Yes, he does.　　　　イ No, he doesn't.

　　ウ He wants to talk to Mr. Cook.　エ He wants to sing songs.　(　　)

2 (1)〜(6)は単語の意味を書きなさい。(7)〜(10)は日本語を英語にしなさい。

(1) cousin　　(　　　　　)　　(2) main　　　(　　　　　)

(3) child　　　(　　　　　)　　(4) village　　(　　　　　)

(5) volunteer (　　　　　)　　(6) voice　　　(　　　　　)

(7) 働く　　　＿＿＿＿＿＿　(8) (〜を)理解する＿＿＿＿＿＿

(9) 金，通貨　＿＿＿＿＿＿　(10) おくれた　　　＿＿＿＿＿＿

2 重要単語
よく出る単語の意味を覚えよう。

よく出る **3** 次の日本文に合うように，＿＿に適する語を書きなさい。

(1) 最善を尽くしなさい。＿＿＿＿＿＿ your ＿＿＿＿＿＿.

(2) 音楽を聞きましょう。

　　Let's ＿＿＿＿＿＿ ＿＿＿＿＿＿ music.

(3) そのとおり。　That's ＿＿＿＿＿＿.

(4) そのバスは午前8時に駅に着きます。

　　The bus ＿＿＿＿＿＿ ＿＿＿＿＿＿ the station at 8 a.m.

(5) 彼は長い間働きます。

　　He works ＿＿＿＿＿＿ a ＿＿＿＿＿＿ ＿＿＿＿＿＿.

3 重要表現

おぼえよう！

「最善を尽くす」
do one's best
「〜を聞く」
listen to 〜
「そのとおり」
That's right.
「〜に着く」get to 〜
「長い間」
for a long time

4 次の文に，( )内の意味をつけ加えるとき，＿＿に適する語を書きなさい。

(1) I eat a cake. (〜したい)

　　I ＿＿＿＿＿＿ ＿＿＿＿＿＿ eat a cake.

(2) They do their homework. (〜する必要がある)

　　They ＿＿＿＿＿＿ ＿＿＿＿＿＿ do their homework.

4 不定詞「〜すること」

ポイント

〈動詞＋ to ＋動詞の原形〉
「〜したい」
want to 〜
「〜しようと試みる」
try to 〜
「〜する必要がある」
need to 〜

5 次の文を，下線部をたずねる疑問文に書きかえるとき，＿＿に適する語を書きなさい。

(1) They want to <u>practice baseball</u>.

　　＿＿＿＿＿＿ do they ＿＿＿＿＿＿ to ＿＿＿＿＿＿?

よく出る (2) Naoto wants to eat <u>pizza</u>.

　　＿＿＿＿＿＿ ＿＿＿＿＿＿ Naoto want to ＿＿＿＿＿＿?

5 What do you want to 〜?
(2)主語が三人称単数。

p.55 答　(1) to see　(2) read　(3) clean　(4) don't　(5) Do　(6) to do / to play　(7) look　(8) looking for　(9) along
(10) right

6 次の英文を読んで，あとの問いに答えなさい。　**6** 本文の理解

> Look at this picture. This is Lily Smith. She's my cousin. ①She works (　　　) a doctor in different (　　　). ②[to / need / wants / people / help / always / in / she]. Now she's ③(work) at a small hospital in Kenya. She helps sick people ④there every day.

(1) 下線部①が「彼女はいろいろな国で医者として働いています」という意味になるように，(　)に適する語を書きなさい。

She works ＿＿＿＿＿＿ a doctor in different ＿＿＿＿＿＿.

(2) 下線部②が「彼女は困っている人々を助けたいといつも思っています」という意味になるように，〔　〕内の語を並べかえなさい。

＿＿＿＿＿＿＿＿＿＿＿＿＿＿＿＿

(3) ③の(　)内の語を適する形になおしなさい。　＿＿＿＿＿

(4) 下線部④の指すものを本文中の6語で書きなさい。

＿＿＿＿＿＿＿＿＿＿＿＿＿＿＿＿

(1)「〜として」は前置詞を使う。
(2) always は一般動詞の前に置く。
(3)前に she's があることに注意。
(4) there は「そこで」という意味。場所を表す語句を見つける。

7 次の日本文に合うように，＿＿に適する語を書きなさい。　**7** look「〜に見える」
(2)主語が三人称単数。

(1) あなたは緊張しているように見えます。

You ＿＿＿＿＿＿ nervous.

(2) その男性は疲れているように見えます。

The man ＿＿＿＿＿ ＿＿＿＿＿.

ポイント

「〜のように見える」
〈look＋形容詞〉

8 次の日本文に合うように，＿＿に適する語を書きなさい。　**8** 道案内

(1) [相手に話しかけて]　すみません。　＿＿＿＿＿ me.
(2) 私は図書館をさがしています。

I'm ＿＿＿＿ ＿＿＿＿ the library.
(3) この通りに沿って行ってください。Go ＿＿＿ this street.
(4) [考えて]　ええと。　＿＿＿＿ see.
(5) 何とおっしゃいましたか。　＿＿＿＿ me?

おぼえよう！

「すみません」
Excuse me.
「〜をさがす」look for 〜
「〜に沿って行く」
go along 〜
「ええと」Let's see.
「何とおっしゃいましたか」Pardon me?

9 次の日本文を英語になおしなさい。

(1) あなたは空腹そうに見えます。

＿＿＿＿＿＿＿＿＿＿＿＿

(2) 彼は私たちを理解しようとしています。

＿＿＿＿＿＿＿＿＿＿＿＿

(3) その信号を左に曲がってください。

＿＿＿＿＿＿＿＿＿＿＿＿

9 英作文
(1)「空腹な」は hungry。
(2)「(〜を)理解する」は understand。
(3)「信号」は traffic light。

テストに出る！

予想問題

Unit 9 〜 Stage Activity 2
Think Globally, Act Locally 〜 My Hero

🕐 30分

/100点

1 対話を聞いて，郵便局の場所として適するものを一つ選び，記号で答えなさい。　♪ a24

〔8点〕

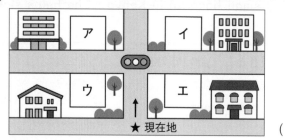

★現在地　　　　（　　　）

2 次の日本文に合うように，＿＿に適する語を書きなさい。　3点×8〔24点〕

(1) すみません，職員室はどこですか。

＿＿＿＿＿＿ ＿＿＿＿＿＿, where is the teachers' room?

(2) 私はその問題についてはよくわかりません。

I'm not ＿＿＿＿＿＿ ＿＿＿＿＿＿ the problem.

(3) 私たちは困っている人々のために働きます。

We work for people ＿＿＿＿＿＿ ＿＿＿＿＿＿.

(4) 1列に並んでお待ちください。

Please wait ＿＿＿＿＿＿ ＿＿＿＿＿＿.

(5) あなたは音楽を聞きたいですか。

Do you ＿＿＿＿＿＿ ＿＿＿＿＿＿ ＿＿＿＿＿＿ to music?

(6) 音楽は私たちを元気づけてくれます。

Music ＿＿＿＿＿＿ us ＿＿＿＿＿＿.

(7) 何とおっしゃいましたか。　＿＿＿＿＿＿ ＿＿＿＿＿＿?

(8) パーティーにおくれないで。

Don't ＿＿＿＿＿＿ ＿＿＿＿＿＿ ＿＿＿＿＿＿ the party.

3 〔　〕内の語句を並べかえて，日本文に合う英文を書きなさい。　4点×3〔12点〕

(1) 彼女は歌うのが好きではありません。

〔 doesn't / to / she / sing / like 〕.

＿＿＿＿＿＿＿＿＿＿＿＿＿＿＿＿＿＿＿＿

(2) この川に沿って行きましょう。　〔 this river / go / let's / along 〕.

＿＿＿＿＿＿＿＿＿＿＿＿＿＿＿＿＿＿＿＿

(3) 私は8時より前に駅に到着する必要があります。

〔 to / to / I / the station / get / need 〕 before eight.

＿＿＿＿＿＿＿＿＿＿＿＿＿＿＿＿＿ before eight.

4 次の英文を読んで，あとの問いに答えなさい。　〔20点〕

> Look at the ①(child) in this picture. They're getting clean water from a well.
> ②(　　　)(　　　) happy.
> ③On the (　　　)(　　　), in some villages, ①(child) go to the river and collect water. They walk for a long time every day. ④[school / want / they / to / to / go], but ⑤they don't have time.

(1)　①の(　)内の語を複数形になおしなさい。　＿＿＿＿＿＿＿　〈4点〉

(2)　下線部②が「彼らは幸せそうに見えます」という意味になるように，(　)に適する語を書きなさい。　＿＿＿＿＿＿　＿＿＿＿＿＿ happy.　〈4点〉

(3)　下線部③が「他方では」という意味になるように，(　)に適する語を書きなさい。〈4点〉
　　On the ＿＿＿＿＿＿　＿＿＿＿＿＿,

(4)　下線部④が「彼らは学校に行きたがっています」という意味になるように，〔　〕内の語を並べかえなさい。　〈4点〉

　　＿＿＿＿＿＿＿＿＿＿＿＿＿＿＿＿＿＿＿＿＿＿＿＿＿＿＿＿＿,

(5)　下線部⑤の理由を説明する次の文の(　)に適する日本語を書きなさい。　〈4点〉
　　(　　　　　　　　　　　　　)ために，毎日(　　　　　　　　　　　)から。

5 次の文を(　)内の指示にしたがって書きかえなさい。　4点×4〔16点〕

(1)　We prepare the party.　（「〜する必要がある」という文に）

　　＿＿＿＿＿＿＿＿＿＿＿＿＿＿＿＿＿＿＿＿＿＿＿＿＿＿＿＿＿＿

(2)　You dance on the stage.　（「〜したいですか」とたずねる文に）

　　＿＿＿＿＿＿＿＿＿＿＿＿＿＿＿＿＿＿＿＿＿＿＿＿＿＿＿＿＿＿

(3)　Yuki wants to go to the concert.　（下線部をたずねる文に）

　　＿＿＿＿＿＿＿＿＿＿＿＿＿＿＿＿＿＿＿＿＿＿＿＿＿＿＿＿＿＿

(4)　The boys were kind.　（「〜のように見えた」という意味の文に）

　　＿＿＿＿＿＿＿＿＿＿＿＿＿＿＿＿＿＿＿＿＿＿＿＿＿＿＿＿＿＿

6 次の日本文を英語になおしなさい。　5点×4〔20点〕

(1)　あなたのヒーローはだれですか。

　　＿＿＿＿＿＿＿＿＿＿＿＿＿＿＿＿＿＿＿＿＿＿＿＿＿＿＿＿＿＿

(2)　あなたは何を食べたいですか。

　　＿＿＿＿＿＿＿＿＿＿＿＿＿＿＿＿＿＿＿＿＿＿＿＿＿＿＿＿＿＿

(3)　私にはあなたの助けが必要です。

　　＿＿＿＿＿＿＿＿＿＿＿＿＿＿＿＿＿＿＿＿＿＿＿＿＿＿＿＿＿＿

(4)　私の姉は忙しそうに見えます。

　　＿＿＿＿＿＿＿＿＿＿＿＿＿＿＿＿＿＿＿＿＿＿＿＿＿＿＿＿＿＿

Let's Climb Mt. Fuji

テストに出る！ ココが要点＆チェック！

重要表現の復習

教 p.98〜p.99

1 現在進行形

→★(1)〜(3)

「〜しています」「〜しているところです」は，現在進行形〈am[are, is]＋動詞の ing 形〉で表す。
否定文は be 動詞のあとに not を置き，疑問文は be 動詞を主語の前に出す。

肯定文　I'm **planning** a summer trip to Japan.
〈be 動詞＋動詞の ing 形〉「〜しています」。今，進行中の動作。

私は日本への夏の旅行を計画しています。

否定文　I'm **not** **planning** a summer trip to Japan.
└─be 動詞のあとに not

私は日本への夏の旅行を計画していません。

疑問文　**Are** you **planning** a summer trip to Japan?
└─be 動詞を主語の前に

あなたは日本への夏の旅行を計画していますか。

— Yes, I **am**. / No, I **am not**.
be 動詞を使って答える

— はい，計画しています。／いいえ，計画していません。

2 「どちらの〜，どの〜」の文

→★(4)

「どちらの〜，どの〜」とたずねるときは，〈which＋名詞〉で文を始め，疑問文の形を続ける。

Which trail do you want to take?
「どの〜」└─名詞

あなたはどの登山道を選びたいですか。

3 〈動詞＋形容詞〉の文

→★(5)(6)

〈look＋形容詞〉で「〜（のよう）に見える」，〈get＋形容詞〉で「〜（の状態）になる」という意味を表す。

The trails **look** popular.
〈look＋形容詞〉。「登山道」＝「人気のある」ように見える

それらの登山道は人気があるように見えます。

I **get** tired easily.
〈get＋形容詞〉。「私」→「疲れた」状態になる

私はすぐに疲れます。

☆チェック！　（　）内から適する語句を選びなさい。

- □ (1) We are (watch / watching) TV.　　私たちはテレビを見ているところです。
- □ (2) Maki (is not / does not) singing now.　　マキは今は歌っていません。
- □ (3) (Do / Are) they eating lunch?　　彼らは昼食を食べていますか。
- □ (4) (Which / When) bag do you want?　　あなたはどちらのバッグがほしいですか。
- □ (5) The girl (looks / gets) happy.　　その少女は幸せそうに見えます。
- □ (6) I sometimes (look / get) nervous.　　私はときどき緊張します。

☆チェック！ の答えは次ページ ⤵

テスト対策問題

1 (1)〜(6)は単語の意味を書きなさい。(7)〜(10)は日本語を英語にしなさい。

(1) climb （　　　　　　） (2) choose （　　　　　　）

(3) stay （　　　　　　） (4) crowd （　　　　　　）

(5) anyway （　　　　　　） (6) sunrise （　　　　　　）

(7) 足 ＿＿＿＿＿＿ (8) 〜を計画する ＿＿＿＿＿＿

(9) 簡単に ＿＿＿＿＿＿ (10) 情報 ＿＿＿＿＿＿

2 次の日本文に合うように，＿＿に適する語を書きなさい。

(1) あのね，何だと思う？ ＿＿＿＿＿＿ what!

(2) あの山をのぼりましょう。

Let's ＿＿＿＿＿＿ ＿＿＿＿＿＿ that mountain.

(3) これが私の新しいくつです。

＿＿＿＿＿＿ ＿＿＿＿＿＿ my new shoes.

(4) 私たちは徒歩で学校に行きます。

We go to school ＿＿＿＿＿＿ ＿＿＿＿＿＿.

(5) 助けてくれてありがとう。

＿＿＿＿＿＿ ＿＿＿＿＿＿ your help.

3 次の文を現在進行形の文に書きかえるとき，＿＿に適する語を書きなさい。

(1) I read a book.

I ＿＿＿＿＿＿ ＿＿＿＿＿＿ a book.

(2) Rika practices the guitar.

Rika ＿＿＿＿＿＿ ＿＿＿＿＿＿ the guitar.

4 〔　〕内の語を並べかえて，日本文に合う英文を書きなさい。

(1) どちらの傘があなたのですか。

〔 is / yours / umbrella / which 〕？

＿＿＿＿＿＿＿＿＿＿＿＿＿＿＿＿＿＿＿＿＿＿

(2) 彼はどのペンを使いますか。

〔 does / use / which / he / pen 〕？

＿＿＿＿＿＿＿＿＿＿＿＿＿＿＿＿＿＿＿＿＿＿

5 次の日本文に合うように，＿＿に適する語を書きなさい。

(1) 彼は空腹そうに見えます。 He ＿＿＿＿＿＿ hungry.

(2) 暑くなってきています。 It is ＿＿＿＿＿＿ hot.

テスト対策ナビ

1 重要単語
よく出る単語の意味を覚えよう。

2 重要表現

おぼえよう！

「あのね，何だと思う？」
Guess what!
「のぼる，上がる」go up
「これが〜です」
Here are 〜.
「徒歩で」on foot
「〜をありがとう」
Thanks for 〜.

3 現在進行形
am〔are, is〕〜ing の形を使う。

ミス注意！
e で終わる動詞の ing 形は e をとって ing をつける。

4 〈which＋名詞〉
〈which＋名詞〉のあとに疑問文の形を続ける。
(1)は be 動詞の，(2)は一般動詞の疑問文。

5 〈動詞＋形容詞〉
(2)「〜になってきている」は現在進行形で表す。

Let's Read 1
Let's Climb Mt. Fuji

⏱ 30分

/100点

1 対話と質問を聞いて，その答えとして適するものを一つ選び，記号で答えなさい。

(1) ア　She likes math.　　　　　　イ　She likes history.　　🎵 a25　6点×2〔12点〕

　　ウ　She is helping the boy.　　エ　She is doing her homework.　（　　　）

(2) ア　She is busy.　　　　　　　　イ　She is in the supermarket.

　　ウ　She is eating eggs.　　　　エ　She is cooking.　　　　　　　（　　　）

2 次の日本文に合うように，＿＿に適する語を書きなさい。　　　　4点×8〔32点〕

(1) 誕生日カードをありがとう。

　　＿＿＿＿＿＿ ＿＿＿＿＿＿ the birthday card.

(2) 私たちはレストランを選ぶ必要があります。

　　We ＿＿＿＿＿＿ ＿＿＿＿＿＿ ＿＿＿＿＿＿ a restaurant.

(3) 彼はすぐに疲れます。

　　He ＿＿＿＿＿＿ ＿＿＿＿＿＿ easily.

(4) 彼はテレビを見たがっていますか。

　　Does he ＿＿＿＿＿＿ ＿＿＿＿＿＿ ＿＿＿＿＿＿ TV?

(5) 彼女は写真を撮っていません。

　　She's ＿＿＿＿＿＿ ＿＿＿＿＿＿ pictures.

(6) そのケーキはとてもおいしそうに見えます。

　　The cake ＿＿＿＿＿＿ ＿＿＿＿＿＿.

(7) そのレストランはそんなにこみ合っていません。

　　The restaurant is not ＿＿＿＿＿＿ ＿＿＿＿＿＿.

(8) たぶんあなたが正しいです。

　　＿＿＿＿＿＿ you are right.

3 〔　〕内の語句を並べかえて，日本文に合う英文を書きなさい。　　5点×3〔15点〕

(1) 私はコンサートを楽しみにしています。

　　〔 forward / looking / the concert / to / I'm 〕.

　　＿＿＿＿＿＿＿＿＿＿＿＿＿＿＿＿＿＿＿＿＿＿＿＿＿＿

(2) あなたは練習を楽しんでいますか。

　　〔 are / practice / enjoying / you / the 〕?

　　＿＿＿＿＿＿＿＿＿＿＿＿＿＿＿＿＿＿＿＿＿＿＿＿＿＿

(3) あなたはどちらの絵が好きですか。

　　〔 you / which / do / picture / like 〕?

　　＿＿＿＿＿＿＿＿＿＿＿＿＿＿＿＿＿＿＿＿＿＿＿＿＿＿

4 次のメッセージのやり取りの英文を読んで，あとの問いに答えなさい。 〔23点〕

〈Bob からのメール〉

　Hi, Koichi. ①Guess what! I'm ②(plan) a summer trip to Japan. Can we meet? I want to climb Mt. Fuji, stay in a mountain hut, and see the sunrise. ③Are you (　　　　)?

〈Koichi(戸田先生)からのメール〉

　Hi, Bob. Yes, I want to climb Mt. Fuji, too. ④[trails / the details / are / here / of / the four] on Mt. Fuji. Climbers usually go to the fifth stations by bus, then go up ⑤(　　　　)(　　　　).

	Fujinomiya Trail	Gotemba Trail	Subashiri Trail	Yoshida Trail
Round-trip Distance	9 km	19 km	13 km	14 km
Number of Mountain Huts(Ascent only) *numbers may change	8	4	12	18

round-trip distance：往復距離　　ascent：のぼり　　may change：変動する可能性がある

(1) 下線部①を日本語になおしなさい。 〈4点〉

(　　　　　　　　　　　　　　　　　　　　　　　　　　　　　　　　　　　　)

(2) ②の(　)内の語を適する形になおしなさい。 〈3点〉

(3) 下線部③が「あなたは興味がありますか」という意味になるように，(　)に適する1語を書きなさい。　Are you ＿＿＿＿＿＿？ 〈3点〉

(4) 下線部④が「これが富士山の4つの登山道の詳細です」という意味になるように，[　]内の語句を並べかえなさい。 〈5点〉

＿＿＿＿＿＿＿＿＿＿＿＿＿＿＿＿＿＿＿＿＿＿＿＿＿ on Mt. Fuji.

(5) 下線部⑤が「徒歩で」という意味になるように，(　)に適する語を書きなさい。 〈3点〉

＿＿＿＿＿＿ ＿＿＿＿＿＿

(6) Koichi からのメールにある表を見て，次の質問に答えなさい。 〈5点〉

How many mountain huts does Yoshida Trail have?

― ＿＿＿＿＿＿＿＿＿＿＿＿＿＿＿＿＿＿＿＿＿＿＿＿＿

5 次の文を(　)内の指示にしたがって書きかえなさい。 6点×3〔18点〕

(1) The girl runs in the park. （now を加えて「～している」という文に）

＿＿＿＿＿＿＿＿＿＿＿＿＿＿＿＿＿＿＿＿＿＿＿＿＿

(2) The boy is sad. （「～のように見える」という文に）

＿＿＿＿＿＿＿＿＿＿＿＿＿＿＿＿＿＿＿＿＿＿＿＿＿

(3) She plays the trumpet. （「～しようと試みる」という文に）

＿＿＿＿＿＿＿＿＿＿＿＿＿＿＿＿＿＿＿＿＿＿＿＿＿

Unit 10 〜 Let's Write 2

Winter Vacation 〜 旅先からの便り

テストに出る！ ココが**要点**&**チェック**！

「〜しました」の文

 教 p.101〜p.107

1 一般動詞の過去形（規則動詞）

➡️⭐(1)(2)

「〜しました」と過去にしたことについて言うときは，動詞を**過去形**にする。過去形は，visit →
visit**ed** のように動詞に **ed** をつけて作る（規則動詞）。

現在の文 I **visit** the museum every Sunday.　　私は毎週日曜日に博物館を訪れます。

過去の文 I **visited** the museum last Sunday.　　私は先週の日曜日に博物館を訪れました。
　　　　　過去形 └ed をつける　　過去を表す語句

─ 規則動詞の過去形 ─

▶ed をつける
visit → visited [id]
play → played [d]
enjoy → enjoyed [d]
look → looked [t]

▶d をつける
use → used [d]
like → liked [t]
live → lived [d]

▶y を i にかえて ed をつける
study → studied [d]
try → tried [d]
worry → worried [d]
※[ ]は語尾の発音

2 一般動詞の過去形（不規則動詞）

➡️⭐(3)〜(5)

一般動詞の過去形には ed をつけるもののほかに，see → saw のように不規則に変化するものが
ある（不規則動詞）。

現在の文 I **see** fireworks every summer.　　私は毎年夏に花火を見ます。

過去の文 I **saw** fireworks that night.　　私はその夜花火を見ました。
　　　　　過去形　　　過去を表す語句

─ 不規則動詞の過去形 ─

take → took　　come → came　　say → said
feel → felt　　do → did　　get → got
go → went　　eat → ate　　have → had

3 一般動詞の過去の否定文

➡️⭐(6)

「〜しませんでした」という過去の否定文では did not[didn't]を動詞の前に置き，動詞は原形を
使う。

肯定文 I **got** up early yesterday.　　私は昨日早く起きました。

否定文 I **did** **not** **get** up early yesterday.　　私は昨日早く起きませんでした。
　　　　=didn't　　└原形

4 一般動詞の過去の疑問文 →★(7)(8)

「〜しましたか」という過去の疑問文は did を主語の前に置き，動詞は原形を使う。答えるときは，did を使って答える。「あなたは何をしましたか」は，What did you do? と言う。

肯定文 You got up early yesterday.　　あなたは昨日早く起きました。

疑問文 Did you get up early yesterday?　　あなたは昨日早く起きましたか。
　　主語の前に did　　原形

— Yes, I did . / No, I did not [didn't].　　— はい，起きました。／
　　did を使って答える　　　　　　　　　　　　　　いいえ，起きませんでした。

疑問文 What did you do　　　　yesterday?　　あなたは昨日何をしましたか。
　　　　　　　　　　　　　　　原形

— I went to a shrine.　　— 私は神社へ行きました。
　　　　　過去形でしたことを答える

手紙などでよく使う表現 教 p.108

5 I am in 〜., Take care of yourself. →★(9)(10)

「私は〜にいます」は，I am in[at] 〜. で表す。相手に「体に気をつけて」と言うときは，Take care of yourself. と言う。

I am in Fukushima.　　私は福島にいます。
　「いる」　　　場所

Take care of yourself.　　体に気をつけて。
　　take care of 〜で「〜をだいじにする」。yourself は「あなた自身を」

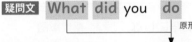 （1)〜(5)は（　）内の語を過去形にかえて書きなさい。(6)〜(10)は（　）内から適する語を選びなさい。

1
- [ ] (1) I (　　　　) soccer yesterday.（play）　私は昨日サッカーをしました。
- [ ] (2) He (　　　　) this computer this morning.（use）彼は今朝このコンピュータを使いました。

2
- [ ] (3) She (　　　　), "Yes."（say）　彼女は「はい」と言いました。
- [ ] (4) I (　　　　) happy.（feel）　私は幸せに感じました。
- [ ] (5) We (　　　　) to the station at five.（get）　私たちは5時に駅に着きました。

3
- [ ] (6) I (don't / didn't) have breakfast this morning.　私は今朝朝食を食べませんでした。

4
- [ ] (7) Did he (come / came) to school yesterday?　彼は昨日学校に来ましたか。
- [ ] 　　— Yes, he (does / did).　　— はい，来ました。
- [ ] (8) What (do / did) you (do / did) yesterday?　あなたは昨日何をしましたか。

5
- [ ] (9) Mr. Takano is (in / on) Miyazaki.　高野先生は宮崎にいます。
- [ ] (10) Take care of (you / yourself).　体に気をつけて。

テスト対策問題

テスト対策 ナビ

🎵 リスニング

♪ a26

1 英文を聞き，男の子の行動の順番に合うように，記号を順に書きなさい。

ア　イ　ウ　エ

(　　)→(　　)→(　　)→(　　)

2 (1)〜(6)は単語の意味を書きなさい。(7)〜(10)は日本語を英語にしなさい。

(1) thing 　　(　　　　)　(2) performance (　　　　)

(3) early 　　(　　　　)　(4) theater 　(　　　　)

(5) actor 　　(　　　　)　(6) each 　　(　　　　)

(7) 〜と感じる ＿＿＿＿＿　(8) 親 　　＿＿＿＿＿

(9) 伝統的な 　＿＿＿＿＿　(10) 特別の 　＿＿＿＿＿

2 重要単語

よく出る単語の意味を覚えよう。

3 次の日本文に合うように，＿＿に適する語を書きなさい。

(1) そのびんは水でいっぱいです。

The bottle is ＿＿＿＿＿ ＿＿＿＿＿ water.

(2) 私たちはたがいに「やあ」と言い合いました。

We said "Hi!" to ＿＿＿＿＿ ＿＿＿＿＿.

(3) 昨日はとても雪が降りました。

It snowed ＿＿＿＿＿ ＿＿＿＿＿ yesterday.

(4) ナオミはふつう7時に起きます。

Naomi usually ＿＿＿＿＿ ＿＿＿＿＿ at seven.

(5) 私はときどき家で映画を見ます。

I sometimes watch movies ＿＿＿＿＿ ＿＿＿＿＿.

3 重要表現

おぼえよう！

「〜でいっぱいである」
be full of 〜
「たがい(に)」
each other
「たくさん」a lot
「起きる」get up
「家で」at home

4 次の文が過去の文になるように( )内の語を適する形にかえて＿＿に書きなさい。

(1) We ＿＿＿＿＿ basketball yesterday. （practice）

(2) I ＿＿＿＿＿ the windows this morning. （open）

(3) Bob ＿＿＿＿＿ a book to me. （bring）

(4) We ＿＿＿＿＿ to climb Mt. Fuji last Sunday. （try）

(5) We ＿＿＿＿＿ TV last night. （watch）

(6) I ＿＿＿＿＿ happy. （feel）

4 一般動詞の過去形

ポイント

規則動詞の過去形
ふつうの語 → ed を
つける。
e で終わる語
→ d をつける。
〈子音字＋y〉で終わる
語 → y を i にかえて
ed をつける。

p.65 答　(1) played　(2) used　(3) said　(4) felt　(5) got　(6) didn't　(7) come / did　(8) did, do　(9) in　(10) yourself

5 次の英文を読んで、あとの問いに答えなさい。

> My friend and I ①(spend) the night near Big Ben, a famous clock tower. We ②(take) "the Tube," London's subway, to Westminster Station. We ③(eat) fish and chips, and walked around. ④[near / stood / came / people / and / many] the clock tower. ⑤We all counted down to the New Year together.

5 本文の理解

よく出る (1) ①〜③の( )内の語を過去形になおしなさい。

① _____ ② _____ ③ _____

(2) 下線部④が「多くの人々が時計塔の近くに来て立っていました」という意味になるように、〔 〕内の語を並べかえなさい。

_____ the clock tower.

(3) 下線部⑤を日本語になおしなさい。

(_____)

(1)いずれも不規則動詞。
(2)「〜の近くに」は near 〜。
(3) the New Year は「新年」。

ミス注意! 6 次の日本文に合うように、_____に適する語を書きなさい。

(1) 私たちは昨日美術館を訪れませんでした。

We _____ _____ _____ the museum yesterday.

(2) 私は今朝朝食を食べませんでした。

I _____ _____ breakfast this morning.

6 過去の否定文

ポイント

過去の否定文
〈主語＋did not[didn't]＋動詞の原形〜.〉で表す。

ミス注意! 7 次の文を疑問文とその答えの文に書きかえるとき、_____に適する語を書きなさい。

(1) You played baseball yesterday.

_____ you _____ baseball yesterday?

— Yes, _____ _____ .

(2) Lily saw fireworks last night.

_____ Lily _____ fireworks last night?

— No, _____ _____ .

7 過去の疑問文

ポイント

過去の疑問文
〈Did＋主語＋動詞の原形〜?〉で表す。答えるときは、〈Yes,主語＋did.〉や〈No,主語＋did not[didn't].〉で表す。

8 次の日本文に合うように、_____に適する語を書きなさい。

(1) 私は京都にいます。 I _____ _____ Kyoto.

(2) 体に気をつけて。 Take care _____ _____ .

8 手紙などでよく使う表現

(1)「〜にいる」be in 〜
(2)「体に気をつけて」Take care of yourself.

9 次の日本文を英語になおしなさい。

(1) 私はその俳優の演技を楽しみました。

_____

(2) あなたのお父さんはケーキを作りましたか。—はい、作りました。

_____ — _____

9 英作文

(1)「俳優」は actor,「演技」は performance。
(2)「作る」は make。

Unit 10 〜 Let's Write 2
Winter Vacation 〜 旅先からの便り

🕐 30分

/100点

1 対話と質問を聞いて，その答えとして適するものを一つ選び，記号で答えなさい。

(1) ア　Yes, he did.　　　　イ　No, he didn't.　　♪ a27　3点×2〔6点〕

ウ　He watched TV.　　エ　He didn't enjoy music.　　（　　　）

(2) ア　Last Sunday.　　　イ　With her grandmother.

ウ　She ate lunch.　　エ　She cooked curry.　　（　　　）

2 次の日本文に合うように，＿＿に適する語を書きなさい。　　3点×6〔18点〕

(1) 私たちはボブの誕生日まで秒読みしました。

We ＿＿＿＿＿＿ ＿＿＿＿＿ to Bob's birthday.

(2) 彼は舞台上で倒れました。

He ＿＿＿＿＿ ＿＿＿＿＿ on the stage.

(3) 私ははじめてその博物館を訪れました。

I visited the museum ＿＿＿＿＿ the ＿＿＿＿＿ ＿＿＿＿＿.

(4) 体に気をつけて。

＿＿＿＿＿ ＿＿＿＿＿ of ＿＿＿＿＿.

(5) 彼女はその活動に3回参加しました。

She joined the activity ＿＿＿＿＿ ＿＿＿＿＿.

(6) あなたは昨日何をしましたか。— とくに何も。

What did you do yesterday? — ＿＿＿＿＿ ＿＿＿＿＿.

3 次の文が過去の文になるように，（　）内の語を適切な形にかえて＿＿に書きなさい。

(1) Ms. White ＿＿＿＿＿ in Japan for a week. （stay）　　3点×4〔12点〕

(2) The man ＿＿＿＿＿, "Thank you." （say）

(3) I ＿＿＿＿＿ nice then. （feel）

(4) Keita ＿＿＿＿＿ play the piano yesterday. （doesn't）

4 次の対話が成り立つように，＿＿に適する語を書きなさい。　　4点×3〔12点〕

(1) Did the boys dance on the stage?

— Yes, ＿＿＿＿＿ ＿＿＿＿＿.

(2) Did your mother use the computer yesterday?

— No. She ＿＿＿＿＿ ＿＿＿＿＿ use it.

(3) How did Mr. Green come to school?

— He ＿＿＿＿＿ to school by bus.

5 次の対話文を読んで，あとの問いに答えなさい。　〔21点〕

> Asami: ①<u>What did you do on New Year's Day?</u>
> Meg: ②<u>I (　　　)(　　　) early and (　　　) to a shrine with my family.</u>
> Asami: That's nice. ③(　　　) you (　　　) any traditional New Year's food?
> Meg: Yes, we did. We ate *osechi*.
> Asami: Did you and your parents make it?
> Meg: ④<u>No, (　　　)(　　　).</u>
> Kaito's mother ⑤(make) some and ⑥(bring) it to us.

(1) 下線部①を日本語になおしなさい。　〈5点〉

(　　　　　　　　　　　　　　　　　　　　　　　　　　　　　)

(2) 下線部②が「私は早く起きて，家族といっしょに神社へ行きました」という意味になるように，（　）に適する語を書きなさい。　〈4点〉

＿＿＿＿＿＿＿＿＿ ＿＿＿＿＿＿＿＿＿, ＿＿＿＿＿＿＿＿＿

(3) 下線部③が「あなたたちは何か伝統的な新年の食べ物を食べましたか」という意味になるように，（　）に適する語を書きなさい。　＿＿＿＿＿＿＿, ＿＿＿＿＿＿＿ 〈4点〉

(4) 下線部④の（　）に適する語を書きなさい。　＿＿＿＿＿＿＿ ＿＿＿＿＿＿＿ 〈4点〉

(5) ⑤，⑥の（　）内の語を適する形にかえて書きなさい。　2点×2〈4点〉

⑤ ＿＿＿＿＿＿＿　⑥ ＿＿＿＿＿＿＿

6 次の文を（　）内の指示にしたがって書きかえなさい。　4点×4〔16点〕

(1) We travel to Okinawa <u>every winter</u>.　（下線部を last winter にかえて過去の文に）

＿＿＿＿＿＿＿＿＿＿＿＿＿＿＿＿＿＿＿＿＿＿＿＿＿＿＿＿＿＿＿

(2) Masato brought his racket to school.　（否定文に）

＿＿＿＿＿＿＿＿＿＿＿＿＿＿＿＿＿＿＿＿＿＿＿＿＿＿＿＿＿＿＿

(3) Your sister skied last week.　（疑問文に）

＿＿＿＿＿＿＿＿＿＿＿＿＿＿＿＿＿＿＿＿＿＿＿＿＿＿＿＿＿＿＿

(4) Sana lived <u>in London</u>.　（下線部をたずねる疑問文に）

＿＿＿＿＿＿＿＿＿＿＿＿＿＿＿＿＿＿＿＿＿＿＿＿＿＿＿＿＿＿＿

7 次の日本文を英語になおしなさい。　5点×3〔15点〕

(1) あなたはその花火を見ましたか。

＿＿＿＿＿＿＿＿＿＿＿＿＿＿＿＿＿＿＿＿＿＿＿＿＿＿＿＿＿＿＿

(2) 私は昨日この写真を撮りました。

＿＿＿＿＿＿＿＿＿＿＿＿＿＿＿＿＿＿＿＿＿＿＿＿＿＿＿＿＿＿＿

(3) 私の弟は今，広島（Hiroshima）にいます。

＿＿＿＿＿＿＿＿＿＿＿＿＿＿＿＿＿＿＿＿＿＿＿＿＿＿＿＿＿＿＿

Unit 11 〜 Stage Activity 3

This Year's Memories 〜 My Favorite Event This Year

 テストに出る！ ココが **要点** & **チェック！**

be 動詞の過去形

 教 p.109〜p.111, p.118〜p.119

1 was・were の肯定文・否定文

➡★ (1)(2)

be 動詞の過去形は am や is は was，are は were になる。否定文は was[were] のあとに not を置く。was not の短縮形は wasn't，were not の短縮形は weren't になる。

I am a starter in the games. 私は試合では先発メンバーです。

肯定文 I was a starter in the last game. 私は前回の試合で先発メンバーでした。

否定文 I was not a starter in the last game. 私は前回の試合で先発メンバーではありませんでした。
[wasn't] └ be 動詞のあとに not

● be 動詞の過去形

現在形	過去形
am	was
is	
are	were

2 was・were の疑問文

➡★ (3)

疑問文は was[were] を主語の前に置く。答えるときは，〈Yes, 主語＋ was[were].〉や〈No, 主語＋ was not[wasn't] または were not[weren't].〉で答える。

肯定文 You were a starter in the last game. あなたは前回の試合で先発メンバーでした。

疑問文 Were you a starter in the last game? あなたは前回の試合で先発メンバーでしたか。
主語の前に be 動詞

— Yes, I was . / No, I was not . — はい，そうでした。／
be 動詞で答える [wasn't] いいえ，そうではありませんでした。

「〜がある[いる]」の文

 教 p.112〜p.113

3 There is[are] 〜.

➡★ (4)(5)

「〜がある[いる]」は，There is[are] 〜. で表す。「〜」の名詞がこの文の主語。疑問文は be 動詞を there の前に置き，Yes, there is[are]. や No, there is[are] not. で答える。

肯定文 There is a campground near the lake. 湖の近くにキャンプ場があります。
there is＝there's ▲ 主語（単数） 場所を表す語句

疑問文 Is there a campground near the lake? 湖の近くにキャンプ場がありますか。

— Yes, there is . / No, there is not . — はい，あります。／
there と be 動詞で答える [isn't] いいえ，ありません。

肯定文 There are outdoor kitchens, too. 屋外調理場もあります。
主語（複数）

「〜していた」「〜しているところだった」の文 教 p.114〜p.115, p.118〜p.119

4 過去進行形 →★(6)(7)

「〜していた」「〜しているところだった」と過去のあるときにしていた動作は，〈was[were]＋動詞の ing 形〉で表す。この形を過去進行形という。

| 現在進行形の文 | I | am | playing soccer now. | 私は今サッカーをしています。 |

過去進行形の文　I was playing soccer then.
└ be 動詞を過去形にする　　「そのとき」

私はそのときサッカーをしていました。

疑問文　Were you 　　 playing soccer then?
└ be 動詞を主語の前に

あなたはそのときサッカーをしていましたか。

— Yes, I was. / No, I was not.
be 動詞で答える　　[wasn't]

— はい，していました。／いいえ，していませんでした。

否定文　I was not playing soccer then.
[wasn't]　└ be 動詞のあとに not

私はそのときサッカーをしていませんでした。

レストランで使う表現 教 p.116

5 注文を聞く表現，注文する表現 →★(8)

店員が注文を聞くときは，What would you like?(何になさいますか)などと言う。客が注文するときは，I'd like 〜.(〜をお願いします)などと言う。

What would you like? — I'd like a steak. 何になさいますか。— ステーキをお願いします。
「何になさいますか」　　I'd = I would。would like は want のていねいな言い方

Would you like some dessert? — Yes, please. / No, thank you.
「〜はいかがですか」は食べ物などをすすめる表現　デザートはいかがですか。— はい，お願いします。／いいえ，結構です。

☆チェック！ 　( )内から適する語句を選びなさい。

1
- □ (1) We (was / were) in the classroom. 　私たちは教室にいました。
- □ (2) He (wasn't / weren't) at home. 　彼は家にいませんでした。

2
- □ (3) (Was / Were) you sad? 　あなたは悲しかったですか。
  - — No, I (am not / was not). 　— いいえ，悲しくありませんでした。

3
- □ (4) There (is / are) a pencil on the desk. 　机の上にえんぴつがあります。
- □ (5) (Is / Are) there any boys in the room? 　その部屋に何人かの少年がいますか。
  - — Yes, (they / there) are. 　— はい，います。

4
- □ (6) We (was / were) playing table tennis. 　私たちは卓球をしていました。
- □ (7) I wasn't (read / reading) a book then. 　私はそのとき本を読んでいませんでした。

5
- □ (8) What would you (like / want)? 　何になさいますか。
  - — (I / I'd) like pizza. 　— ピザをお願いします。

テスト対策問題

テスト対策ナビ

♪ リスニング

♪ a28

1 対話を聞いて，少女の町にないものを一つ選び，記号で答えなさい。

ア　イ　ウ（○○動物園）　エ（○○美術館）　○○図書館

（　　　　）

2 (1)～(6)は単語の意味を書きなさい。(7)～(10)は日本語を英語にしなさい。

(1) outdoor （　　　　　）　(2) lose （　　　　　）

(3) shower （　　　　　）　(4) photo （　　　　　）

(5) against （　　　　　）　(6) another （　　　　　）

(7) 台所，調理場＿＿＿＿＿　(8) これらの＿＿＿＿＿

(9) アルバム＿＿＿＿＿　(10) 半分，2分の1＿＿＿＿＿

2 重要単語

よく出る単語の意味を覚えよう。

よく出る **3** 次の日本文に合うように，＿＿に適する語を書きなさい。

(1) この曲はたくさんの思い出を思い出させます。

This song ＿＿＿＿＿ ＿＿＿＿＿ a lot of memories.

(2) 私たちは1位を勝ち取りました。

We ＿＿＿＿＿ ＿＿＿＿＿ place.

(3) ありがとう。— どういたしまして。

Thank you. — My ＿＿＿＿＿.

(4) 私の後ろに立たないで。

Don't stand ＿＿＿＿＿ ＿＿＿＿＿.

3 重要表現

おぼえよう！

「～を思い出させる」
bring back ～
「1位を勝ち取る」
win first place
「どういたしまして」
My pleasure.

(4)「～の後ろに」は前置詞の behind。

4 次の文の＿＿に was または were を入れて，過去の文にしなさい。

(1) At first, I ＿＿＿＿＿ nervous.

(2) We ＿＿＿＿＿ in the library this morning.

(3) ＿＿＿＿＿ you sad then? — Yes, I ＿＿＿＿＿.

(4) The boy ＿＿＿＿＿ not a student of our school.

4 be 動詞の過去形

ポイント

be 動詞の過去形
am, is → was
are → were

5 次の文の（　）内から適する語を選び，記号を○で囲みなさい。

(1) There （ ア is　イ are ）a park near my house.

(2) There （ ア is　イ are ）two dogs on the bed.

(3) （ ア Is　イ Are ）there a Japanese restaurant in this town?
— No, there （ ア is　イ are ）not.

(4) There （ ア are　イ were ）two bikes by the bench then.

5 There is[are]～. の文

ミス注意！

There is[are]～. の文は「～」の部分の名詞で be 動詞を決める。
単数名詞 → is/was
複数名詞 → are/were

p.71 答　(1) were　(2) wasn't　(3) Were / was not　(4) is　(5) Are / there　(6) were　(7) reading　(8) like / I'd

6 次の対話文を読んで，あとの問いに答えなさい。

> *Ms. Cook:* ① (_____) (_____) a campground near the lake?
> *Josh:* Yes, there is. There (②) showers and outdoor kitchens, too. So we ③ <u>建てた</u> tents and stayed for two nights.
> *Ms. Cook:* Sounds like fun! Was it beautiful there?
> *Josh:* Yes, but there (④) some trash near the lake, so ⑤ <u>we picked it up.</u>

よく出る (1) 下線部①が「湖の近くにはキャンプ場がありますか」という意味になるように，（ ）に適する語を書きなさい。

_____ _____ a campground near the lake?

(2) ②，④の（ ）に適する語を書きなさい。
② _____   ④ _____

(3) 下線部③を2語の英語になおしなさい。

_____ _____

(4) 下線部⑤をitが指すものを明らかにして日本語になおしなさい。
(_____)

6 本文の理解

(1) There is ～. の疑問文にする。
(2)② showers ～ kitchens が主語。
④ some trash が主語。
(3)動詞 set を使う。
(4) it は前に出てきた単数の「もの」や数えられないものを指す。

7 次の文を（ ）内の指示にしたがって書きかえるとき，___に適する語を書きなさい。

(1) He is playing soccer <u>now</u>. （下線部を then にかえた文に）
He _____ _____ soccer then.

ミス注意! (2) You were watching TV. （疑問文と，No で答える文に）
_____ _____ watching TV?
— No, I _____.

7 過去進行形

ポイント

過去進行形
肯定文
〈主語＋was[were]＋動詞の ing 形～.〉
疑問文
〈Was[Were]＋主語＋動詞の ing 形～?〉

8 次の日本文に合うように，___に適する語を書きなさい。

(1) [レストランで] 何になさいますか。
_____ _____ you like?

(2) サラダをお願いします。
_____ _____ a salad.

8 レストランでの注文
(1)(2)どちらも would like を使った表現。

9 次の日本文を英語になおしなさい。

(1) いすの上にかばんが1つあります。

_____

(2) 試合の前，私の心臓は速くどきどきしていました。

_____

ミス注意! (3) その少年はそのとき走っていましたか。

_____

9 英作文
(1)「いすの上に」は on the chair。
(2)「～の前に」は before ～。
(3)過去進行形の疑問文。

テストに出る！
予想問題

Unit 11 〜 Stage Activity 3
This Year's Memories 〜 My Favorite Event This Year

⏰ 30分

/100点

🎵 **1** 対話と質問を聞いて，その答えとして適するものを一つ選び，記号で答えなさい。

(1)　ア　Yes, she was.　　　イ　No, she wasn't.　　🎵 a29　5点×2〔10点〕
　　　ウ　In the morning.　　エ　In the park.　　　　　（　　　）

(2)　ア　It's a supermarket.　イ　Turn left there.
　　　ウ　Yes, there is.　　　エ　No, there is not.　　　（　　　）

よく出る **2** 次の日本文に合うように，＿＿に適する語を書きなさい。　　3点×7〔21点〕

(1)　私はいくらかのごみを拾い上げました。

　　　I ＿＿＿＿＿＿＿ ＿＿＿＿＿＿＿ some trash.

(2)　よくやった。　Good ＿＿＿＿＿＿＿.

ミス注意 (3)　ベッドの上に帽子があります。　＿＿＿＿＿＿＿ a cap on the bed.

(4)　私たちのチームは 1 対 0 で負けました。

　　　Our team ＿＿＿＿＿＿＿ 1 to 0.

(5)　何かお飲みになりますか。― いいえ，結構です。

　　　＿＿＿＿＿＿＿ you ＿＿＿＿＿＿＿ to drink something?

　　　― ＿＿＿＿＿＿＿, ＿＿＿＿＿＿＿ you.

(6)　最初は，私はテニスをするのが好きではありませんでした。

　　　＿＿＿＿＿＿＿ ＿＿＿＿＿＿＿, I didn't like playing tennis.

(7)　私は駅へ行く途中でリリーに会いました。

　　　I saw Lily ＿＿＿＿＿＿＿ my ＿＿＿＿＿＿＿ to the station.

3 〔　〕内の語句を並べかえて，日本文に合う英文を書きなさい。　4点×4〔16点〕

(1)　この町に博物館はありますか。

　　　〔 this / a museum / there / in / is 〕town?

　　　＿＿＿＿＿＿＿＿＿＿＿＿＿＿＿＿＿＿＿＿＿＿＿＿ town?

(2)　昨日は寒くありませんでした。

　　　〔 was / it / cold / not 〕yesterday.

　　　＿＿＿＿＿＿＿＿＿＿＿＿＿＿＿＿＿＿＿＿＿＿＿＿ yesterday.

(3)　彼らはどこで昼食を食べていましたか。

　　　〔 they / lunch / where / eating / were 〕?

　　　＿＿＿＿＿＿＿＿＿＿＿＿＿＿＿＿＿＿＿＿＿＿＿＿

(4)　彼女らはそのとき音楽を聞いていませんでした。

　　　〔 listening / music / were / to / they / not 〕then.

　　　＿＿＿＿＿＿＿＿＿＿＿＿＿＿＿＿＿＿＿＿＿＿＿＿ then.

4 次の対話文を読んで，あとの問いに答えなさい。　　〔21点〕

> *Meg:* Hey, Kaito. I didn't see you during lunch break. ①What were you doing?
> *Kaito:* I was ②(play) soccer outside. ③[looking / me / you / were / for]?
> *Meg:* Yes. I wanted to show ④this to you. I made a photo album for this year.
> *Kaito:* Wow. These pictures ⑤思い出させる a lot of memories.

(1) 下線部①を日本語になおしなさい。　〈5点〉

(　　　　　　　　　　　　　　　　　　　　　　　)

(2) ②の（　）内の語を適する形になおしなさい。　〈3点〉

＿＿＿＿＿＿＿＿＿＿

(3) 下線部③が「あなたはぼくをさがしていましたか」という意味になるように，〔　〕内の語を並べかえなさい。　〈5点〉

＿＿＿＿＿＿＿＿＿＿

(4) 下線部④が指しているものを，本文中から3語で抜き出しなさい。　〈4点〉

＿＿＿＿＿＿＿＿　＿＿＿＿＿＿＿＿

(5) 下線部⑤を2語の英語になおしなさい。　〈4点〉

＿＿＿＿＿＿＿＿　＿＿＿＿＿＿＿＿

5 次の文を（　）内の指示にしたがって書きかえなさい。　4点×4〔16点〕

(1) He is busy today.　（下線部を yesterday にかえて過去の文に）

＿＿＿＿＿＿＿＿＿＿

(2) There is an eraser on the desk.　（下線部を three にかえた文に）

＿＿＿＿＿＿＿＿＿＿

(3) Those questions were difficult.　（疑問文に）

＿＿＿＿＿＿＿＿＿＿

(4) The girls danced together.　（「〜していた」という過去進行形の文に）

＿＿＿＿＿＿＿＿＿＿

6 次の日本文を英語になおしなさい。　4点×4〔16点〕

(1) あなたはそのとき悲しかったですか。

(2) その教室にはたくさんの生徒たちがいます。

(3) その子供たちは舞台の上で歌っていました。

(4) あなたのお姉さんは何をしていたのですか。

Let's Read 2

City Lights

重要表現の確認

教 p.124〜p.126

1 助動詞 could

→ オェアッ★(1)(2)

「〜することができた」は can の過去形 could を使い，〈could＋動詞の原形〉で表す。「〜できなかった」という否定文は could のあとに not を置く。

The girl **could** see Charlie.　その少女はチャーリーを見ることができました。
　　　　　　　　└─動詞の原形

The girl **could** **not** see Charlie.　その少女はチャーリーを見ることができませんでした。
　　　└could のあとに not─┘　└─動詞の原形

2 〈動詞＋もの＋ to[for]＋人〉

→ オェアッ★(3)(4)

「(人)に(もの)を〜する」というときは，give，show，teach などでは〈動詞＋もの＋to＋人〉の形を使う。一方，buy や make などでは〈動詞＋もの＋for＋人〉の形を使う。

The man **gave** one thousand dollars **to** Charlie.　男性はチャーリーに 1,000 ドルをあ
　　　　　give の過去形　　　　もの　　　　　　　人　　　げました。

Bob **bought** a present **for** Emi.　ボブはエミにプレゼントを買いま
　　　buy の過去形　　　もの　　　　　人　　　した。

3 any，anything，anyone

→ オェアッ★(5)(6)

any，anything，anyone はふつう否定文で使い，any は「少しの〜も(…ない)」，anything は「何も(〜ない)」，anyone は「だれも(〜ない)」という意味になる。

The rich man **did** **not** say **anything**.　その裕福な男性は何も言いませんでした。
　　　　　　　　└───┘「何も〜ない」

The rich man **did** **not** say **any** words.　その裕福な男性は何も[何の言葉も]言いませんでした。
　　　　　　　　└───┘「少しの〜もない」

☆チェック！　(　　)内から適する語句を選びなさい。

1
- □ (1) I (could / can) run fast.　　　　　　　　　私は速く走ることができました。
- □ (2) Jun (could / could not) get up early.　　　ジュンは早く起きることができませんでした。

2
- □ (3) My father gave this bike (to / for) me.　　父は私にこの自転車をくれました。
- □ (4) Please buy the bag (to / for) me.　　　　そのバッグを私に買ってください。

3
- □ (5) I didn't eat (something / anything) this morning.　私は今朝何も食べませんでした。
- □ (6) I don't have (some / any) food.　　　　　私は何も食べ物を持っていません。

☆チェック！ の答えは次ページ ⟳

テスト対策問題

1 (1)〜(4)は単語の意味を書きなさい。(5)(6)は日本語を英語にしなさい。

(1) lonely （　　　　　） (2) pass （　　　　　）

(3) rich （　　　　　） (4) become （　　　　　）

(5) 貧しい ＿＿＿＿＿＿ (6) 〜を売る ＿＿＿＿＿＿

2 次の日本文に合うように，＿＿に適する語を書きなさい。

(1) ある日，私は道でかわいいイヌを見ました。

＿＿＿＿＿＿ ＿＿＿＿＿＿, I saw a cute dog on the street.

(2) トムはレストランを出ました。

Tom ＿＿＿＿＿＿ ＿＿＿＿＿＿ of the restaurant.

(3) あなたのおかげで，私たちはスキーをすることができます。

＿＿＿＿＿＿ ＿＿＿＿＿＿ you, we can ski.

3 次の文を過去の文に書きかえるとき，＿＿に適する語を書きなさい。

(1) I can swim fast.

I ＿＿＿＿＿＿ ＿＿＿＿＿＿ fast.

(2) We can't meet Diane.

We ＿＿＿＿＿＿ ＿＿＿＿＿＿ ＿＿＿＿＿＿ Diane.

4 〔　〕内の語句を並べかえて，日本文に合う英文を書きなさい。

(1) 私はリリーに花をあげました。

〔 gave / some flowers / Lily / I / to 〕.

＿＿＿＿＿＿＿＿＿＿＿＿＿＿＿＿＿＿＿

(2) あなたのネコを私に見せて。〔 your cat / show / to / me 〕.

＿＿＿＿＿＿＿＿＿＿＿＿＿＿＿＿＿＿＿

5 次の日本文に合うように，＿＿に適する語を書きなさい。

(1) その男性は少しのお金も持っていませんでした。

The man ＿＿＿＿＿＿ have ＿＿＿＿＿＿ money.

(2) 何も言わないで。 ＿＿＿＿＿＿ say ＿＿＿＿＿＿.

(3) 私はだれにも会いませんでした。

I ＿＿＿＿＿＿ meet ＿＿＿＿＿＿.

6 次の日本文を英語になおしなさい。

(1) ホワイト先生(Mr. White)は彼らに英語を教えます。

＿＿＿＿＿＿＿＿＿＿＿＿＿＿＿＿＿＿＿

(2) 彼らは昨日，野球をすることができませんでした。

＿＿＿＿＿＿＿＿＿＿＿＿＿＿＿＿＿＿＿

テスト対策ナビ

1 重要単語
よく出る単語の意味を覚えよう。

2 重要表現

おぼえよう！

「ある日」
one day
「〜から出る」
get out of 〜
「〜のおかげで」
thanks to 〜

3 could

ポイント

「〜することができた」
〈could＋動詞の原形〉
「〜することができなかった」
〈could not＋動詞の原形〉

4 〈動詞＋もの＋to [for]＋人〉
(1) some flowers が「もの」，Lily が「人」にあたる。
(2) your cat が「もの」，me が「人」にあたる。

5 any, anything, anyone
(1)空所のあとにmoney があることに注意。
(3)「だれにも（〜ない）」はanyone。

6 英作文
(1)「教える」は teach。
(2)「野球をする」は play baseball。

テストに出る！

予想問題

Let's Read 2
City Lights

⏱ 30分

/100点

🎵 **1** 対話と質問を聞いて，その答えとして適するものを一つ選び，記号で答えなさい。 ♪ a30

(1) ア　Yes, he did.　　　　イ　No, he didn't.　　　　5点×2〔10点〕
　　ウ　From his mother.　エ　It was yesterday.　　　（　　）

(2) ア　Last Sunday.　　　イ　It was fun.
　　ウ　Yes, it could.　　エ　No, it could not.　　　（　　）

2 次の日本文に合うように，＿＿に適する語を書きなさい。　　3点×8〔24点〕

(1) 女性は何も言わず，歩き去りました。

The woman said nothing and walked ＿＿＿＿＿＿.

(2) 彼は私に彼の思い出について話しました。

He ＿＿＿＿＿＿ me ＿＿＿＿＿＿ his memory.

(3) このギターは 1,000 ドルです。

This guitar is one ＿＿＿＿＿＿ ＿＿＿＿＿＿.

(4) 私は黄色い帽子を買いました。

I ＿＿＿＿＿＿ a yellow cap.

(5) 私はミルクなしでコーヒーを飲みます。

I drink coffee ＿＿＿＿＿＿ milk.

(6) 少女はほほえんで「ありがとう」と言いました。

The girl ＿＿＿＿＿＿ and said, "Thank you."

(7) 私は思い出すことができませんでした。

I ＿＿＿＿＿＿ ＿＿＿＿＿＿ ＿＿＿＿＿＿.

(8) 森先生のおかげで，私はアメリカへ行くことができます。

＿＿＿＿＿＿ ＿＿＿＿＿＿ Mr. Mori, I can go to America.

3 〔　〕内の語句を並べかえて，日本文に合う英文を書きなさい。　4点×3〔12点〕

(1) 田中先生は生徒たちに歴史を教えます。

〔 the students / to / Mr. Tanaka / history / teaches 〕.

＿＿＿＿＿＿＿＿＿＿＿＿＿＿＿＿＿＿＿＿＿＿＿＿

(2) 私はここで美しい星を見ることができました。

〔 see / stars / I / here / could / beautiful 〕.

＿＿＿＿＿＿＿＿＿＿＿＿＿＿＿＿＿＿＿＿＿＿＿＿

(3) 彼は何も飲みませんでした。

〔 didn't / anything / drink / he 〕.

＿＿＿＿＿＿＿＿＿＿＿＿＿＿＿＿＿＿＿＿＿＿＿＿

4 次の英文を読んで，あとの問いに答えなさい。　〔24点〕

Charlie was a poor, lonely man.　①He had (　　　) job, and walked (　　　)
the city every day.　②(　　　)(　　　), he saw a girl on the street.　She was
blind and ③(sell) flowers for her family.　Suddenly she ④(drop) a flower, so
Charlie picked it up and bought it.　The girl thanked him, but ⑤he did not say a
word and walked away.　The girl ⑥(can) not see Charlie, and ⑦(think), "He's a
rich, kind man."

Charlie got a job, and bought flowers from her every day.　⑧〔 important / her /
he / very / became / to 〕.

(1) 下線部①が「彼は仕事がなく，毎日街を歩き回りました」という意味になるように，(　)
　　に適する語を書きなさい。　〈4点〉

　　He had ＿＿＿＿＿＿ job, and walked ＿＿＿＿＿＿ the city every day.

(2) 下線部②が「ある日」という意味になるように，(　)に適する語を書きなさい。　〈3点〉

　　＿＿＿＿＿＿ ＿＿＿＿＿＿

(3) ③，④，⑥，⑦の(　)内の語を適する形になおしなさい。　2点×4〈8点〉

　　③＿＿＿＿＿　④＿＿＿＿＿　⑥＿＿＿＿＿　⑦＿＿＿＿＿

(4) 下線部⑤を日本語になおしなさい。　〈4点〉

　　(　　　　　　　　　　　　　　　　　　　　　　　　　　　　　　　)

(5) 下線部⑧が「彼は彼女にとってとても大切になりました」という意味になるように，〔　〕
　　内の語を並べかえなさい。　〈5点〉

　　＿＿＿＿＿＿＿＿＿＿＿＿＿＿＿＿＿＿＿＿＿＿

5 次の文を(　)内の指示にしたがって書きかえなさい。　5点×3〔15点〕

(1) I had no time then.　(I didn't で始まるほぼ同じ内容の文に)

(2) The man showed a map.　(「私に」という意味をつけ加えて)

(3) I cannot help you now.　(下線部を yesterday にかえて過去の文に)

6 次の日本文を英語になおしなさい。　5点×3〔15点〕

(1) 彼はその車から出ることができませんでした。

(2) 私はボブ(Bob)に1枚のカードをあげました。

(3) 私は何も言いませんでした。

巻末特集 動詞の形の変化をおさえましょう。

※赤字は特に注意しましょう。[ ]は発音記号です。

原形	三人称単数現在形	過去形	ing 形	意味
ask	asks	asked	asking	たずねる, 質問する
bring	brings	brought	bringing	持ってくる, 連れてくる
buy	buys	bought	buying	買う
come	comes	came	coming	来る, (相手のところへ)行く
cook	cooks	cooked	cooking	料理する
do	does	did	doing	する, 行う
drink	drinks	drank	drinking	飲む
eat	eats	ate	eating	食べる, 食事をする
enjoy	enjoys	enjoyed	enjoying	楽しむ
feel	feels	felt	feeling	感じる, 気持ちがする
get	gets	got	getting	得る, ～になる, 着く
give	gives	gave	giving	与える, 渡す, もたらす
go	goes	went	going	行く
have	has	had	having	持っている, 食べる
know	knows	knew	knowing	知っている, わかる
live	lives	lived	living	住む, 住んでいる
look	looks	looked	looking	見る, ～(のよう)に見える
make	makes	made	making	作る, 得る
meet	meets	met	meeting	会う, 出会う
play	plays	played	playing	(競技などを)する, 演奏する
put	puts	put	putting	置く, 入れる, つける
read	reads	read [réd]	reading	読む, 読んで知る
run	runs	ran	running	走る, 運行している
say	says	said [séd]	saying	言う
see	sees	saw	seeing	見える, 見る, わかる
stay	stays	stayed	staying	滞在する, 泊まる
study	studies	studied	studying	勉強する, 研究する
take	takes	took	taking	取る, 撮る, 選ぶ, 乗る
talk	talks	talked	talking	話す, しゃべる
tell	tells	told	telling	話す, 教える
think	thinks	thought	thinking	考える, 思う
try	tries	tried	trying	試す, やってみる, 努力する
write	writes	wrote	writing	書く

中間・期末の攻略本

解答と解説

取りはずして使えます!

東京書籍版　ニューホライズン　英語1年

Unit 0

p.3　テスト対策問題

1 (1)イ　(2)ア

2 (1)オ　(2)ア　(3)ウ　(4)イ

3 (1)エ　(2)ア　(3)カ　(4)ウ　(5)イ

4 (1) D, H, K, N

(2) P, S, U, X

5 (1) a　(2) b　(3) i

(4) n　(5) q　(6) u

解説

1 (1)My name is Suzuki Yuto.(ぼくの名前は鈴木ユウトです)と名前を答えている**イ**が正解。

♪ What's your name?

訳 あなたの名前は何ですか。

(2)すしが好きだと答えている**ア**が正解。

♪ What food do you like?

訳 あなたはどんな食べ物が好きですか。

2 (1)egg「卵」

(2)guitar「ギター」

(3)cap「(ふちがないか, ひさしのついた)帽子」

(4)window「窓」

3 (1)「はじめまして」という初対面のあいさつは Nice to meet you. と言う。

(2)Hi. は, 親しい間柄で「やあ」とあいさつするときなどに使う。

(3)「私は~です」と名前を言うときは, I'm ~. を使う。

(4)「私は~が好きです」は I like ~. で表す。

(5)「私は~することができます」は I can ~. で

表す。

4 アルファベットはすべての文字を確実に書けるようにしておこう。

5 ミス注意! (2)b と d の向きに注意する。

(5)p と q の向きに注意する。

ポイント

・アルファベットはすべて書けるようにする。

・左右の向きや上下のでっぱりに注意する。

p.4~p.5　予想問題

1 ウ

2 エ

3 (1)ク　(2)キ　(3)ア　(4)オ　(5)カ　(6)エ

(7)イ　(8)ウ

4 (1)カ　(2)オ　(3)ウ　(4)ア　(5)イ

5 (1)ウ

(2)あなたはどんな食べ物が好きですか。

(3)イ

6 (1) d　(2) j　(3) y

(4) A　(5) F　(6) R

7 (1) B C D E F G

(2) U V W X Y Z

(3) i j k l m n

(4) o p q r s t

解説

1 I can ~. は「私[ぼく]は~することができます」という意味。

♪ I can run fast.

訳 ぼくは速く走ることができます。

2 Nice to meet you.(はじめまして)と言われたら，Nice to meet you, too.(こちらこそ，はじめまして)と答える。

♪ Nice to meet you.

訳 はじめまして。

3 (1)clock「(置き[かけ])時計」
(2)salad「サラダ」　(3)apple「リンゴ」
(4)ball「ボール，球」　(5)ship「船」　(6)box「箱」
(7)umbrella「傘」　(8)desk「机」

4 (1)I can ～.は「私は～することができる」という意味を表す。sing well「じょうずに歌う」
(2)〈I'm＋名前.〉で自分の名前を言う。
(4)I like ～.は「私は～が好きです」という意味を表す。music「音楽」
(5)I want to ～.は「私は～したい」という意味。

5 (1)What's your name?(あなたの名前は何ですか)という質問に答える文として適切なのは，My name is Sato Ken.「ぼくの名前は佐藤ケンです」。
(2)What food do you like? は「あなたはどんな食べ物が好きですか」という意味。
(3)エマもてんぷらが好きだと知ったケンの反応として適切なのは，Nice.(いいね)。

6 (1) ⚡️ミス注意! d と b の向きをまちがえないように注意。
(2)(3) ⚡️ミス注意! 小文字の j と y は第4線まで下にしっかりのばす。
(6) ⚡️ミス注意! 大文字の R は小文字の r とかなり形がちがうので気をつけよう。

7 アルファベットは必ず順番通りに書けるようにしておこう。

Unit 1

p.8～p.9 テスト対策問題

1 (1)イ　(2)ア
2 (1)しばしば，よく　(2)ただ～だけ, ほんの
(3)ファン　(4)話す　(5)but　(6)there
3 (1)Call me　(2)Thank　(3)How about
4 (1)Are you　(2)don't like
(3)Do you / do
5 (1)am　(2)私はクリケットファンです。
(3)Do you play it　(4)cricket

6 (1)can run　(2)Can you
7 (1)Are you from Nagano?
(2)I do not[don't] play basketball.
(3)I can swim a little.

解説

1 (1)〈play the＋楽器名〉で「～を演奏する」。
♪ A：Do you play the piano?
　B：No, I don't.
　A：Do you play the guitar?
　B：Yes, I do.

訳 A：あなたはピアノを演奏しますか。
　B：いいえ，しません。
　A：あなたはギターを演奏しますか。
　B：はい，します。

(2)a ～ fan で「～のファン」という意味。
♪ A：Are you a tennis fan?
　B：No, I'm not. I'm a soccer fan.
　A：Do you play soccer?
　B：Yes, I do.

訳 A：あなたはテニスファンですか。
　B：いいえ，ちがいます。私はサッカーファンです。
　A：あなたはサッカーをしますか。
　B：はい，します。

3 (1)「私を～と呼んでください」Call me ～.
(2)「ありがとう」Thank you.
(3)「あなたはどうですか」How about you?

4 (1)You are ～.(あなたは～です)の文を疑問文にするときは，Are you ～? の形にする。
(2)like など，一般動詞の文を否定文にするときは，do not[don't]を動詞の前に置く。空所の数から，短縮形の don't を使う。
(3) ⚡️ミス注意!「あなたは毎日ダンスをしますか」という意味の文に。疑問文にするときは，do を主語の前に置く。答えの文でも do を使う。

5 (1)Are you ～?(あなたは～ですか)の文には，Yes, I am. / No, I am[I'm] not. で答える。
(2)I'm ～.は「私は～です」。〈a＋スポーツ名など＋fan〉で「～のファン」という意味になる。
(3)一般動詞の疑問文。〈Do you＋動詞～?〉で「あなたは～しますか」という文になる。
(4)it は，前に出てきた人以外の「もの」を指す。ここでは前の行の cricket(クリケット)を指す。

6 (1)「~することができる」は〈can＋動詞〉。
(2)「~(することが)できますか」という疑問文は〈Can＋主語＋動詞~?〉で表す。

7 (1)「~出身」は from を使う。「あなたは~出身ですか」は Are you from ~? で表す。
(2) ⚠ミス注意! 「~しません」という否定文は,動詞の前に do not[don't]を置く。
(3)〈can＋動詞〉で「~することができる」を表す。a little(少し)は文の最後に置く。

> **ポイント**
> ・「~することができる」は〈can＋動詞〉。
> ・疑問文は can を主語の前に置く。
> ・否定文は cannot または can't を使う。

p.10 ～ p.11　予想問題

1 ウ
2 イ
3 (1)I study　(2)don't want
(3)Can you / I cannot[can't]
(4)every day
4 (1)I'm not a rugby fan.
(2)I cannot play the guitar.
(3)Do you speak Japanese?
5 (1)ア　(2)Me, too　(3)can
(4)私たちは体育館でバドミントンをすることができます。
6 (1)I do not[don't] drink green tea.
(2)Are you hungry?
7 (1)Do you play basketball?
(2)I can read kanji a little.

解説

1 play は「(スポーツなどを)する」, watch は「~を(注意して)見る」という意味。
🎵 A：Do you like baseball?
　B：Yes, I do.
　A：Do you play it?
　B：No, I don't. I just watch it.
訳 A：あなたは野球が好きですか。
　B：はい, 好きです。
　A：あなたはそれをしますか。
　B：いいえ, しません。私はただそれを見るだけです。
2 Are you ~? には Yes, I am. または No, I'm not. で答える。I like Nara. と情報をつ

け加えている。
🎵 Are you from Nara?
訳 あなたは奈良出身ですか。

3 (1)「私は~を勉強します」は I study ~. で表す。
(2) ⚠ミス注意! 「~しません」という否定文は,動詞の前に don't を置く。動詞のあとに not を置いたり, be 動詞を入れたりしないよう注意。
(3)〈Can you＋動詞~?〉で「あなたは~(することが)できますか」という意味。No の答えの文では cannot[can't]を使う。
(4)「毎日」every day

4 (1)「私は~ではありません」は I'm not ~. で表す。
(2)「~することができない」は cannot[can't]を動詞の前に置いて表す。
(3)「あなたは~しますか」という疑問文は,〈Do you＋動詞~?〉。「(言語を)話す」は speak。

5 (1)空所のあとで朝美が Good! と言っている。
(2)「私もです」Me, too.
(3)〈Can you＋動詞~?〉「あなたは~(することが)できますか」には, can を使って答える。
(4)〈can＋動詞〉で「~(することが)できる」。there(そこで)は, すでに話題に出た場所を指す。ここでは2行前の the gym(体育館)を指す。

6 (1)一般動詞の否定文。do not[don't]を動詞の前に置く。green tea「緑茶」
(2) ⚠ミス注意! be 動詞の疑問文。are を you の前に置く。クエスチョンマークを忘れずにつける。

7 (1)「(スポーツを)する」は〈play＋スポーツ名〉で表す。
(2)「(することが)できる」は can を動詞の前に置く。「少し」を表す a little は文の最後に置く。

Unit 2 ～ Grammar for Communication 1

p.14 ～ p.15　テスト対策問題

1 (1)エ　(2)ウ
2 (1)人気のある　(2)区域, 場所
(3)ピクニック, 遠足　(4)ヨーグルト
(5)also[too]　(6)come
3 (1)Nice, meet　(2)morning
(3)Sounds　(4)an[one], for

4 (1)She is (2)is not (3)Is that / it is

5 (1)これは私たちの町の地図です。

(2)I see (3)What's (4)イ

6 (1)Who's / He's (2)What do

7 (1)She is[She's] not a baseball fan.

(2)How do you go to the zoo?

(3)I go to the zoo by bike.

〔解説〕

1 (1)**Is that 〜?** は「あれは〜ですか」という意味。

♪ A：Is that a library?

B：No, it's not.

A：Is that a school?

B：Yes, it is.

Q：What's that?

訳 A：あれは図書館ですか。

B：いいえ，ちがいます。

A：あれは学校ですか。

B：はい，そうです。

質問：あれは何ですか。

(2)Is Mr. King 〜? には Yes, he is. / No, he is[he's] not. と答える。

♪ A：Mr. King, are you from Australia?

B：No, I'm not.

A：Are you from America?

B：Yes, I am.

Q：Is Mr. King from America?

訳 A：キング先生，あなたはオーストラリア出身ですか。

B：いいえ，ちがいます。

A：あなたはアメリカ合衆国出身ですか。

B：はい，そうです。

質問：キング先生はアメリカ合衆国出身ですか。

3 (1)「はじめまして」Nice to meet you.

(2)「おはようございます」Good morning.

(3)Sounds 〜. で「〜そうですね」という意味。

(4)母音の前では a ではなく an を使う。「朝食に」for breakfast

4 (1)Ms.(〜さん，〜先生)は女性につける。she(彼女は)にかえる。

(2)be 動詞の否定文は，be 動詞のあとに **not** を置く。

(3)**ミス注意！** Is that 〜? に答えるときは，that を it にかえることに注意。

5 (1)**This is 〜.** で「これは〜です」という意味。our は「私たちの」。 (2)「なるほど」I see.

(3)「〜は何ですか」は **What is 〜?**。ここでは空所が1つなので，短縮形 what's を使う。

(4)空所のあとで「それはおもしろいです」と言っているので，Really?（本当ですか）を選ぶ。

6 (1)「〜はだれですか」は Who is[Who's] 〜?，「彼は〜です」は He is[He's] 〜. で表す。どちらも空所が1つなので，短縮形を使う。

(2)**ミス注意！** what（何）のあとに，一般動詞の疑問文の形〈do＋主語＋動詞〜?〉を続ける。

7 (1)「彼女は〜ではありません」は She is[She's] not 〜. となる。

(2)「どのように」を表す how を文の最初に置き，そのあとに〈do＋主語＋動詞〜?〉を続ける。

(3)交通手段は〈by＋乗り物〉で表す。by bike「自転車で」

〔ポイント〕
疑問詞を含む一般動詞の疑問文では，文の最初に疑問詞を置き，そのあとに〈do＋主語＋動詞〜?〉など疑問文の形を続ける。

p.16 〜 p.17　予想問題

1 イ

2 ア

3 (1)This is (2)He's

(3)What do，study / I study (4)is not

4 (1)Is that a temple? / Yes, it is.

(2)She is[She's] not our science teacher.

(3)Who is[Who's] this?

5 (1)①How ④an

(2)What do you have for

(3)あなたはどうですか。

(4)トースト，果物，ヨーグルト

6 (1)Is this your town map?

(2)He is not from Nagasaki.

7 (1)I live around here.

(2)That is[That's] a popular fish market.

(3)He is[He's] our new math teacher.

〔解説〕

1 favorite は「いちばん好きな」。

♪ A：What's your favorite day?

　　B：It's Sunday.　I play baseball.

訳 *A*：あなたのいちばん好きな日は何ですか。

　　B：日曜日です。私は野球をします。

2 対話中の she は Yuka を指している。

♪ *A*：Who is that?

　　B：That's Yuka.　She's my friend.

　　A：Is she in Class 1B?

　　B：No.　She's in Class 1C.

　　Q：Is Yuka in Class 1C?

訳 *A*：あちらはだれですか。

　　B：あちらはユカです。彼女は私の友達です。

　　A：彼女は 1 年 B 組ですか。

　　B：いいえ。彼女は 1 年 C 組です。

　　質問：ユカは 1 年 C 組ですか。

3 (1)「これは～です」は This is ～. で表す。

(2)「彼は～です」は He is ～. で表す。空所が 1 つなので短縮形 he's を使う。

(3)「あなたは何を～しますか」とたずねるときは，〈**What do you＋動詞～?**〉の文を使う。答えるときは Yes や No を使わず，具体的に答える。

(4) be 動詞の否定文。the restaurant が主語なので is を使い，そのあとに not を置く。crowded「こみ合った」

4 (1) be 動詞の疑問文は be 動詞を主語の前に置く。答えの文では that を it にかえる。

(2) ミス注意! she's は she is の短縮形。否定文は，is のあとに not を置く。

(3)「だれ」と人物をたずねるときは疑問詞 who を使い，疑問文の形を続ける。

5 (1)①すぐあとに By bike?（自転車で?）とつけ加えているので，交通手段をたずねる疑問詞 how。④数えられる名詞が 1 つのときは前に *a* または *an* をつける。**母音**（アイウエオに似た音）で始まる語の前では *an* を使う。

(2) what（何を）で文を始め，一般動詞の疑問文の形を続ける。「朝食に」for breakfast

(3) How about you?「あなたはどうですか」

(4)クック先生の 2 つ目の発言に I usually have toast, fruit, and yogurt. とある。

6 (1)「これは～ですか」は **Is this ～?** で表す。

(2)「彼は～ではありません」は He is not ～. で表す。「～出身」from ～

7 (1)「住む」live,「この近くに」around here

(2)「あれは～です」は That is[That's] ～. で表す。

(3)「彼は～です」は He is[He's] ～. で表す。「私たちの」our

Unit 3 ～ Grammar for Communication 2

p.20 ～ p.21　テスト対策問題

1 (1)ア　(2)ウ

2 (1)くつ　(2)わくわくした

(3)次の，今度の　(4)週，1 週間

(5)today　(6)win

3 (1)How are　(2)luck

4 (1)Where is　(2)When is

5 (1)want to　(2)want to be

6 (1)in　(2)なるほど[わかりました]。

(3)Where do you practice?　(4)before

7 (1)How many　(2)an[one] apple

(3)bottles of

8 (1)Who are those women?

(2)They are[They're] our teachers.

(3)I practice tennis four days a week.

解説

1 (1)In the gym.（体育館で）と具体的な場所を答えているア が正解。

♪ *A*：Are you on the basketball team?

　　B：Yes, I am.

　　A：Where do you practice?

訳 *A*：あなたはバスケットボール部に入っていますか。

　　B：はい，入っています。

　　A：あなたはどこで練習しますか。

(2)〈**How many＋名詞の複数形～?**〉は数をたずねる質問。具体的な数を答えているウ が正解。

♪ *A*：I like your cap.

　　B：Thank you.

　　A：How many caps do you have?

訳 *A*：私はあなたの帽子が好きです。

　　B：ありがとう。

　　A：あなたはいくつの帽子を持っていますか。

3 (1)「お元気ですか」How are you?

(2)「幸運を祈ります」Good luck.

4 (1)in the library(図書館に)という場所をたずねるので，**where**(どこに)を使う。

(2)on December 21(12月21日に)という時をたずねるので，**when**(いつ)を使う。

5 (1)「〜したい」は〈**want to＋動詞**〉で表す。

(2) ⚠️ミス注意！「〜になりたい」は〈**want to be ＋名詞**〉。be を am や is などとしないように注意する。

6 (1)「〜の中に」は in 〜で表す。

(2)I see. は「なるほど」という相づちの表現。

(3)疑問詞 where(どこで)で文を始め，〈**do you ＋動詞〜?**〉の疑問文の形を続ける。

(4)「〜の前に」は before 〜で表す。

7 (1)数をたずねるときは，how many を使う。

(2)「1個の」は a[an] または one で表す。apple は母音で始まる語なので，その前には an をつける。

(3) ⚠️ミス注意！「ボトル[びん]1本の〜」は **a bottle of** 〜で表す。2本以上のときは bottle に s をつけ，**bottles** とする。

8 (1)「だれ」と人物をたずねるときは who を使う。「あれらの」は those を使う。those のあとにくる名詞は複数形を使う。woman(女性)の複数形は women。

(2)「彼女たちは」は they を使う。複数の主語なので be 動詞は are を使う。

(3)「〜につき」は a 〜で表す。「ひと月に4日」なら four days a month。

> **ポイント**
> 数をたずねるときには，〈how many＋名詞の複数形〉のあとに疑問文の形を続ける。

p.22 〜 p.23　予想問題

1 (1)イ　(2)エ

2 (1)two oranges　(2)five boxes
(3)a[one] bag　(4)three cats

3 (1)Where　(2)When is　(3)Where is

4 (1)They are　(2)cup of
(3)How, you / excited

5 (1)①エ　③ア
(2)How many rackets do you　(3)days
(4)私たちは毎週火曜日と日曜日は休みです。

6 (1)Our coaches come on Saturdays.
(2)I want to be a teacher.

7 (1)**You practice tennis very hard.**
(2)**We are[We're] in the brass band.**
(3)**Where is the library?**
　/ **It's[It is] near the gym.**

🎧 解説

1 (1)B が最初の発言で **on the second floor**「2階に」と言っている。

🎵 A：Where is the computer room?
　B：It's on the second floor.
　A：I see. Do you often go there?
　B：Yes. I'm in the computer club.
　Q：Where is the computer room?

訳 A：コンピュータ室はどこですか。
　B：2階です。
　A：なるほど。あなたはよくそこへ行くのですか。
　B：はい。私はコンピュータクラブに入っています。
　質問：コンピュータ室はどこですか。

(2)A の do you have a game? に B は Yes, on Sunday. と答えている。

🎵 A：You practice rugby hard every day.
　B：Yes, I want to win the next game.
　A：Oh, do you have a game?
　B：Yes, on Sunday.
　Q：When is the game?

訳 A：あなたは毎日，ラグビーを一生懸命に練習するね。
　B：うん，次の試合に勝ちたいんだ。
　A：ああ，試合があるの？
　B：うん，日曜日に。
　質問：試合はいつですか。

2 (1)orange の複数形は oranges。

(2) ⚠️ミス注意！ box の複数形は boxes。

(3)バッグが1つなので単数形。

(4)cat の複数形は cats。

3 (1)At school.(学校で)と場所を答えているので，**where**(どこで)を使う。

(2)October 9「10月9日」と日付を答えているので，**when**「いつ」を使う。

(3)near the station(駅の近くに)と場所を答えているので，**where**(どこに)を使う。「ある，いる」は be 動詞を使う。

6

④ <img ミス注意!> (1)「彼らは」という意味の they が主語。they は複数を表すので，be 動詞は are を使う。
(2)「カップ1杯の〜」は a cup of 〜で表す。
(3)「調子はどうですか」How are you?，「わくわくした」excited

⑤ (1)①朝美が持ってくるものを答えているので，what(何)を選ぶ。③朝美が five days a week と答えているので，when(いつ)を選ぶ。
(2)数をたずねるときは〈how many＋名詞の複数形〉で文を始め，疑問文の形を続ける。
(3)前に five があるので s をつけて複数形にする。
(4)off は「休んで，休みの」という意味。

⑥ (1)「私たちの」our，「毎週土曜日に」on Saturdays
(2)「〜になりたい」は want to be 〜で表す。

⑦ (1)「とても熱心に」very hard
(2) <img ミス注意!>「ブラスバンドに入っています」は be in the brass band で表す。
(3)「〜はどこですか」は Where is 〜? で表す。「〜の近くに」near

Unit 4 〜 Grammar for Communication 3

p.26〜p.27 テスト対策問題

1 イ
2 (1)〜のあとに[で]　(2)午前
(3)国の，国家の　(4)〜の間ずっと，〜の間に
(5)worry　(6)mean
3 (1)Enjoy yourself　(2)How's, weather
(3)It's
4 (1)Study English hard.
(2)Don't swim here.
5 What time do you get up?
6 (1)What time　(2)twelve o'clock
(3)モーニングティー[午前のお茶]があるから。
(4)それは2時間目のあとの短い休憩です。
7 (1)What animal(s)　(2)I like
8 (1)How do you go to the library?
(2)How many books do you have?
(3)Where do you study?

解説

---

1 起きる時間を at eight(8時に)と答えている。
<img ♪> A：It's Saturday today.
　B：Yes.
　A：Mari, what time do you get up on Saturdays?
　B：I get up at eight.
<img 訳> A：今日は土曜日ですね。
　B：ええ。
　A：マリ，あなたは毎週土曜日に何時に起きますか。
　B：私は8時に起きます。

3 (1)enjoy oneself「楽しむ，楽しく過ごす」
(2)「〜の天気はどうですか」How is[How's] the weather in 〜?
(3)天候を言うときは，it を主語にする。

4 (1)「〜しなさい」と相手に指示や助言をするときは，動詞で文を始める。
(2) <img ミス注意!>「〜しないで」と相手に指示や助言をするときは〈Don't＋動詞〜.〉の形で表す。

5 what time(何時に)で文を始め，一般動詞の疑問文の形を続ける。「起きる」get up

6 (1)「何時」は what time で表す。
(2)noon は「正午」→ twelve o'clock「12時」
(3)すぐ前にある So は「だから」という意味。その前の文が理由となっている。
(4)short「短い」，after「〜のあとの」

7 (1)「どんな[何の]〜が好きですか」は〈What＋名詞＋do you like?〉。
(2)「〜が好きです」I like 〜.

8 (1)手段をたずねるときは how を使う。
(2)数をたずねるときは〈how many＋名詞の複数形〉を使う。

ポイント
・命令文は，動詞で文を始める。
・否定の命令文は動詞の前に Don't を置く。

p.28〜p.29 予想問題

1 ①カレーライス　②赤　③7時
④テニスの練習
2 (1)your turn　(2)some, or
(3)Please, during　(4)You mean
3 (1)Where do　(2)How do
(3)Who is　(4)How many bags
4 (1)What animals can we see

(2)キーウィはキウイフルーツのように茶色くて丸いです。

(3)**What sport(s) do** (4)**netball team**

⑤ (1)**How's the weather in**

(2)**What time do you go to bed?**

⑥ (1)**Don't use that room.**

(2)**What fruit(s) can we eat[have]?**

解説

① ①②I like 〜. で「私は〜が好きです」という意味。③「起きる」は get up，「〜時に」は at 〜。④「放課後」は after school.

♪ I'm Takuya. I like curry and rice. I like red. I usually get up at seven. I practice tennis after school.

訳 私はタクヤです。カレーライスが好きです。赤が好きです。ふつう7時に起きます。放課後はテニスを練習します。

② (1)turn は名詞で「順番，番」という意味。

(2)「いくらかの」some，「〜かまたは…」は or。

(3)命令文の前かあとに please を置くと，「（どうぞ）〜してください」という意味になる。during（〜の間に）はある特定の期間に使う。

(4)「〜のことを言う」mean

③ (1)場所をたずねるときは where を使う。一般動詞の疑問文なので，主語の前に do を置く。

(2)交通手段をたずねるときは，how を使う。

(3)人物をたずねるときは who を使う。

(4)《ミス注意！ 数をたずねるときは〈how many ＋名詞の複数形〉を使う。

④ (1)「どんな[何の]〜」は〈what＋名詞〉で表す。can の疑問文は can を主語の前に置く。

(2)They は前の文の kiwis を指す。この文の like は前置詞で「〜のような[に]，〜に似た」という意味。

(3)「どんな[何の]〜」は〈what＋名詞〉。一般動詞の疑問文なので，do を主語の前に置く。

(4)質問は「エマは何のチームに入っていますか」という意味。エマの最後の発言に I'm on the netball team. とある。

⑤ (1)ある場所の天気をたずねるときは，〈How's the weather in＋場所 ?〉で表す。

(2)「あなたは何時に〜しますか」は，〈**What time do you＋動詞〜?**〉で表す。「寝る」go

to bed

⑥ (1)「〜しないで」と言うときは，〈**Don't＋動詞〜.**〉の文を使う。

(2)「どんな〜」は what 〜で表し，can の疑問文の形を続ける。

Unit 5 〜 Stage Activity 1

p.32〜p.33 テスト対策問題

① (1)イ (2)エ

② (1)髪 (2)考え，アイディア (3)映画 (4)年齢 (5)**end** (6)**people**

③ (1)**Thanks** (2)**over there** (3)**from, to** (4)**lots of**

④ (1)**under** (2)**on** (3)**in**

⑤ (1)①**you're good at dancing** ③**I'm not good at dancing.**

(2)②**Come on** ④**Don't be**

⑥ (1)イ (2)イ (3)イ

⑦ (1)**It was cold yesterday.**

(2)**We had a good time yesterday.**

⑧ **Look at the poster on the wall.**

解説

① (1)be good at 〜は「〜がじょうずだ，得意だ」という意味。

♪ I like basketball. I'm on the basketball team. I'm not good at playing basketball, but I enjoy it.

Q：Is the boy good at playing basketball?

訳 私はバスケットボールが好きです。私はバスケットボール部に入っています。私はバスケットボールをするのが得意ではありませんが，それを楽しんでいます。

質問：男の子はバスケットボールをするのが得意ですか。

(2)3文目にシロは under the desk（机の下）にいるとある。

♪ I love cats and I have a cat. The name of the cat is Shiro. Shiro is under the desk now. She's really cute.

Q：Where is Shiro now?

訳 私はネコが大好きで，ネコを1匹飼っています。そのネコの名前はシロです。今，シロ

は机の下にいます。本当にかわいいです。

質問：シロは今どこにいますか。

3 (1) Thanks. は Thank you. のくだけた表現。

(2)「向こうの」over there

(3)「～から…まで」from ～ to …

(4)「たくさんの」lots of

4 (1)「～の下で」under (2)「～の上の」on

(3)「～の中に」in

5 (1) be good at ～で「～がじょうずだ，得意だ」という意味。at のあとに動詞を置くときは ing がついた形にする。否定文は be 動詞のあとに not を置く。

(2)②「がんばって」Come on.

④「～しないで」は don't で文を始め，あとに be 動詞がくるときは原形の be を使う。

6 (1) like ～ing「～することが好きだ」

(2) enjoy ～ing「～して楽しむ」

(3) be good at ～ing「～するのがじょうずだ，得意だ」

7 yesterday(昨日)があるので過去の文になる。

(1) be 動詞 is の過去形は **was**。

(2) have の過去形は **had**。have a good time「楽しい時を過ごす」

8 <ミス注意!>「～を見る」は look at ～ を使う。「かべの」→「かべにはってある」。くっついている状態を表すときは on を使う。

・**ポイント**・

• 「～すること」という意味の動詞の ing 形は，動詞や前置詞のあとにくる。

p.34 ～ p.35　予想問題

1 エ

2 (1)is usually (2)Where's

(3)thank you (4)something (5)can do

3 (1)playing (2)was (3)be

4 (1)黄色い T シャツを着ている女の子はミキです。

(2)私は公園のまわりを友達とジョギングします。

(3)あなたのいちばん好きな[お気に入りの]スポーツは何ですか。

5 (1)went

(2)②enjoyed dancing ⑤lots of

(3)大きなリンゴあめはとてもおいしかった

です。

(4)**At the end of the festival**

6 (1)**I'm good at swimming.**

(2)**Look at the dog under the tree.**

(3)**They had a nice time.**

7 (1)**Are you good at dancing?**

(2)**Don't be nervous.**

解説

1 on the desk「机の上に」と in the bag「バッグの中に」がポイント。

♪ This is my desk. My bag is on the desk. I use it every day. I have my shoes in the bag.

訳 これは私の机です。私のバッグが机の上にあります。私はそれを毎日使います。バッグの中に私のくつが入っています。

2 (1)usually はふつう，be 動詞のあとに置く。

(2)「～はどこにありますか」は Where is ～? で表す。where is の短縮形は where's。

(3)「いいえ，けっこうです」No, thank you.

(4)「何か」something

(5)「あなたならできます」You can do it.

3 (1)like ～ing「～することが好きだ」

(2)yesterday(昨日)があるので過去形にする。

(3)please がついた命令文。原形の be にする。

4 (1)in は「～を身につけて，～を着て」という意味がある。

(2)with「～といっしょに」，around「～のまわりを回って」

(3)favorite「いちばん好きな，お気に入りの」

5 (1)Yesterday(昨日)があるので過去の文。go を過去形 **went** にする。

(2)②「～して楽しむ」は enjoy ～ing。過去の文なので enjoyed にする。⑤「たくさんの」lots of。

(3)It は前文中の a big candy apple を指す。

(4)「～の最後に」at the end of ～

6 (1)「～するのが得意だ」be good at ～ing

(2)命令文なので動詞で始める。「～を見る」look at ～，「～の下の」under

(3)「～な時を過ごす」have a ～ time

7 (1)be 動詞の疑問文は be 動詞を主語の前に置く。「～するのが得意だ」be good at ～ing

A：メアリー，きみはバドミントンをするのかい？

B：ううん，しない。私はサッカーをするわ。

質問：メアリーはバドミントンをしますか。

Unit 6 〜 Grammar for Communication 4

p.38 〜 p.39 テスト対策問題

1 (1)イ (2)ウ

2 (1)週末 (2)質問 (3)言語，言葉
(4)〜を借りる (5)問題 (6)地方の，地元の
(7)student (8)open (9)door
(10)homework

3 (1)years old (2)very much
(3)go diving (4)and (5)lot of
(6)Just, moment

4 (1)likes (2)goes (3)dances
(4)watches (5)studies (6)has

5 (1)卓也はふつうブログに写真を掲示します
(2)doesn't have
(3)a waterproof camera (4)loves

6 (1)doesn't run
(2)Does, live / she does

7 (1)Can I (2)problem (3)Can you
(4)Sure

8 (1)Akemi likes fruit(s).
(2)Fred does not[doesn't] cook.
(3)Does Beth study Japanese?

解説

1 (1)トムは毎日日本語を勉強するのかという質問に Yes で答えている。

A：Tom, do you study Japanese every day?

B：Yes, I do.

Q：Does Tom study Japanese every day?

訳 A：トム，あなたは毎日日本語を勉強するの？

B：うん，するよ。

質問：トムは毎日日本語を勉強しますか。

(2)メアリーはバドミントンをするのかという質問に No で答え，サッカーをするとつけ加えている。

A：Mary, do you play badminton?

B：No, I don't. I play soccer.

Q：Does Mary play badminton?

3 (1)「〜歳」〜 year(s) old
(2)「とても〜が好きだ」like 〜 very much
(3)「〜しに行く」go 〜ing
(4)「〜など」and so on
(5)「たくさんの」a lot of
(6)「ちょっと待って」Just a moment.

4 いずれも三人称単数の主語なので，動詞を三人称単数現在形にする。
(1)(3)そのまま s をつける。
(2)(4)〈子音字＋o〉や ch で終わる語は，es をつける。
(5)〈子音字＋y〉で終わる語は y を i にかえて es をつける。
(6) ミス注意! have の三人称単数現在形は **has**。

5 (1)usually「ふつう」，post「〜を掲示する」
(2)主語が三人称単数の否定文は〈主語＋doesn't ＋動詞の原形〜.〉の形。
(3) one は前に出てきた単数の名詞を指す。
(4)主語 he は三人称単数で現在の文なので動詞に s をつける。

6 ミス注意! (1)主語が三人称単数の否定文は〈主語＋doesn't＋動詞の原形〜.〉の形。動詞を原形にすることに注意する。
(2)主語が三人称単数の疑問文は〈Does＋主語＋動詞の原形〜?〉の形。動詞を原形にすることに注意する。

7 (1)「〜してもよいですか」**Can I 〜?** の文。
(2)(4)「いいですよ」「もちろん」No, problem. / Sure.
(3)「〜してくれますか」**Can you 〜?**

8 (1)主語が三人称単数なので動詞に s をつける。
(2)主語が三人称単数の否定文は〈主語＋does not[doesn't]＋動詞の原形〜.〉の形。
(3)主語が三人称単数の疑問文は〈Does＋主語＋動詞の原形〜?〉の形。

- 現在の文で，主語が三人称単数のとき，動詞は<u>三人称単数現在形</u>にする。
- 否定文：〈主語＋doesn't＋動詞の原形～.〉
- 疑問文：〈Does＋主語＋動詞の原形～?〉

p.40 ～ p.41　予想問題

1　イ

2　ウ

3　(1)loves　(2)eats　(3)goes　(4)has

4　(1)meets[sees]　(2)doesn't live
　(3)Does, enjoy　(4)a moment
　(5)goes diving

5　(1)doesn't　(2)Can / right
　(3)Does / Yes, she

6　(1)Does anyone have any
　(2)he does　(3)likes　(4)sinigang
　(5)彼はデザートは何が好きですか。
　(6)and so on

7　(1)Ken reads a lot of books.
　(2)He doesn't use this chair.
　(3)help him with his homework

8　(1)Ms. Tanaka walks to school.
　(2)Can I borrow this camera?
　(3)Does Kenta want a bike?

解説

1　話題はカナのお兄さんについて。彼はピアノをひくとある。
♪ A：Kana, does your brother like music?
　B：Yes, he does. He plays the piano.
訳 A：カナ，きみのお兄さんは音楽が好き？
　B：うん，好きよ。彼はピアノをひくんだ。

2　Does で聞かれたら does を使って答える。Mr. がついているので，ホワイトさんは男性。
♪　Mr. White lives in Japan. He speaks Japanese well. He is a soccer fan.
　Q：Does Mr. White speak Japanese well?
訳　ホワイトさんは日本に住んでいます。彼はじょうずに日本語を話します。彼はサッカーファンです。
　質問：ホワイトさんはじょうずに日本語を話しますか。

3　すべて主語が三人称単数なので，動詞を三人

称単数現在形にする。
(1)(2)そのまま s をつける。
(3) go など〈子音字＋o〉で終わる語には es をつける。
(4) ミス注意! have の三人称単数現在形は has。

4　(1)主語が三人称単数なので動詞に s をつける。
(2)主語が三人称単数の否定文は，動詞の前にdoesn't[does not]を置き，動詞の原形を使う。

5　(1)(3)主語が三人称単数の疑問文は does を主語の前に置く。答えるときは，Yes, ～ does. / No, ～ doesn't. を使う。
(2) Can you ～?「～してくれますか」
All right.「わかりました」

6　(1) anyone や any はふつう疑問文で使う。anyone（だれか）を主語にする。
(2) Does ～? には does を使って答える。
(3)主語 he は三人称単数なので動詞に s をつける。
(4) it は前に出てきた単数の名詞を指す。
(5) for ～「～として」　(6)「～など」and so on

7　(1)「たくさんの～」a lot of ～
(2)主語が三人称単数の否定文は〈主語＋doesn't＋動詞の原形～.〉の形。
(3) help ～ with …「～の…を手伝う，～を…の面で手伝う」

8　(1) walk to school で「歩いて学校に行く」。主語が三人称単数なので walk に s をつける。
(2)「～してもよいですか」と許可を求めるときは，〈Can I＋動詞の原形～?〉の文を使う。
(3)三人称単数現在形の疑問文は〈Does＋主語＋動詞の原形～?〉の形。

Unit 7 ～ Grammar for Communication 5

p.44 ～ p.45　テスト対策問題

1　(1)イ　(2)ウ

2　(1)役に立つ，有用な　(2)(時間の単位の)分
(3)たぶん，もしかすると　(4)まだ，今でも
(5)演じる，演奏する　(6)頭痛
(7)ticket　(8)only[just]　(9)wait
(10)history

3　(1)Be careful with　(2)for, hour
(3)Here, are

4　(1)them　(2)him　(3)me　(4)you　(5)us

(6)her

5 Which do you usually eat, rice or bread?

6 (1)rakugo

(2)ざぶとんの上の演技者がいろいろな役を
演じます。

(3)せんす，手ぬぐい[ハンドタオル]

(4)has　(5)Why don't we

7 (1)Whose, is

(2)Whose camera, this

8 (1)What's　(2)a rest

9 (1)Whose umbrella is that?

(2)I like Haruka's song(s).

解説

1 (1)男の子は「あなたのトランペットか」と聞
かれて No で答えている。

🎵 A：Is that your trumpet?

　　 B：No, it's not.

　　 A：Whose trumpet is it?

　　 B：It's my sister's.

　　 Q：Is that the boy's trumpet?

訳 A：あれはあなたのトランペットですか。

　　 B：いいえ，ちがいます。

　　 A：それはだれのトランペットですか。

　　 B：それは私の姉のものです。

　　 質問：あれは男の子のトランペットですか。

(2)which(どちら)とたずねているので，Yes や
No ではなく，具体的に答える。

🎵 A：Do you like baseball?

　　 B：No, I don't. I like soccer.

　　 A：Do you play soccer?

　　 B：Yes, I do.

　　 Q：Which does the girl like, baseball or
　　　　 soccer?

訳 A：あなたは野球が好きですか。

　　 B：いいえ，好きではありません。私はサッ
　　　　 カーが好きです。

　　 A：あなたはサッカーをしますか。

　　 B：はい，します。

　　 質問：女の子は野球とサッカーのどちらが好
　　　　　 きですか。

3 (1)「～の扱いに気をつける」は be careful
with ～。命令文なので原形の be で始める。

(2)「1 時間」for an hour

(3)「はい，どうぞ」Here you are.

4 すべて「～を[に]」の形にする。

(3)Call me ～.「私を～と呼んでください」

(6) ⚠️**ミス注意!** 前置詞のあとも「～を[に]」の形
にする。

5 「あなたは A と B のどちらを～しますか」は
Which do you ～, A or B? で表す。

6 (1)it は前に出てきた単数のものを指す。

(2)on a cushion が a performer を修飾してい
る。play roles「役を演じる」

(3)すぐあとの語句が言いかえになっている。

(4)主語が三人称単数なので，has にする。

(5)**Why don't we ～?**「～しませんか」

7 持ち主をたずねるときは〈whose＋名詞〉を
使い，疑問文の形を続ける。

8 (1)「どうかしたのですか」**What's wrong?**

(2)「ひと休みする」**take a rest**

9 (1)「だれの～」は〈whose＋名詞〉で表す。

(2)「～(名前)の」は〈名前＋'s〉で表す。このと
き a[an]，the はつけない。

ポイント
- 「どちら」とたずねるときは which を使う。
- 「だれの」とたずねるときは whose を使う。

p.46 ～ p.47 予想問題

1 イ

2 (1)Why don't　(2)take, rest　(3)ours

(4)them　(5)have, headache

(6)That's, bad

3 (1)Whose　(2)Which, or　(3)mine

4 (1)This chair is hers.

(2)Whose book is that?

5 (1)in　(2)Whose ticket is this?

(3)my[Josh's] ticket　(4)yours

(5)Be careful with

6 (1)Whose notebooks are they?

(2)Which do you want, cheese or

7 (1)I like them very much.

(2)Whose towel is this?

(3)It is[It's] mine.

(4)Which does that[the] man speak,
Japanese or English?

解説

1 カオリはネコが好きで，グリーン先生はイヌ

が好き。

♪ A : Kaori, which do you like, dogs or cats?

B : I like cats. How about you, Mr. Green?

A : I love dogs.

B : I see.

訳 A : カオリ，イヌとネコのどちらが好きですか。

B : 私はネコが好きです。あなたはどうですか，グリーン先生。

A : 私はイヌが大好きです。

B : わかりました。

2 (1)「(いっしょに)〜しませんか」は〈Why don't we＋動詞の原形〜?〉で表す。

(2)「ひと休みする」take a rest「〜してもいいですか」Can I 〜?

(3)「私たちのもの」ours (4)「彼らを」them

(5)「頭痛がする」have a headache

(6)「それはいけませんね」That's too bad.

3 (1)持ち主を答えているので，whose(だれの)を使う。

(2)Which do you 〜, A or B?「あなたはAとBのどちらを〜しますか」

(3) ✏ミス注意! 「それは私のものではありません」という意味。my ではなく mine を使う。

4 (1)「これは彼女<ruby>彼女<rt>かのじょ</rt></ruby>のいすです」→「このいすは彼女のものです」

(2)「だれの〜」と持ち主をたずねるときは〈whose＋名詞〉を使う。

5 (1)「〜後に」を表す in を使う。

(2)「だれの〜」は whose 〜で表す。

(3)mine は my ticket。2行目からだれのものかわからないチケットの話をしている。

(4)「あなたのもの」yours

(5)「〜の扱いに気をつける」be careful with 〜

6 (1)whose 〜(だれの〜)で文を始め，be動詞の疑問文の形を続ける。

(2)「あなたはAとBのどちらを〜しますか」Which do you 〜, A or B?

7 (1)「〜がとても好き」は like 〜 very much.「彼らを」them

(2)「だれの〜」は，〈whose＋名詞〉で表す。

(3)「私のもの」mine

(4)「AとBのどちら」は Which 〜, A or B? で表す。「あの男性」が主語なので三人称単数の一般動詞の疑問文の形〈does＋主語＋動詞の原形〜〉を which のあとに続ける。

Unit 8 〜 Grammar for Communication 6

p.50 〜 p.51 テスト対策問題

1 (1)イ (2)エ

2 (1)明日(は)

(2)(〜の)準備をする，備える

(3)(〜を)言う，〜だと言う

(4)速く，すぐに，急いで

(5)テレビゲーム (6)永遠に，永久に

(7)forget (8)happen (9)free (10)then

3 (1)looking forward to (2)Bye / See

(3)course (4)welcome

4 (1)doing (2)swimming (3)using

(4)studying

5 (1)Are / am (2)Are / they are not

(3)What is / is

6 (1)私はテレビを見ていますが，話すことはできます。

(2)What's up (3)thinking

(4)Sounds like

7 (1)How (2)What, beautiful

8 (1)Dear (2)Get well

9 (1)We are[We're] decorating the room.

(2)Are you enjoying the party?

解説

1 (1)「おどる」は dance。

♪ ア The girls are singing.

イ The girls are dancing.

ウ The girls are talking.

エ The girls are studying.

訳 ア 女の子たちは歌っています。

イ 女の子たちはおどっています。

ウ 女の子たちは話しています。

エ 女の子たちは勉強しています。

(2)「ギターを練習する」は practice the guitar。

♪ ア The boy is playing the piano.

イ The boy is playing tennis.

ウ　The boy is practicing soccer.

エ　The boy is practicing the guitar.

訳 ア　男の子はピアノをひいています。

イ　男の子はテニスをしています。

ウ　男の子はサッカーを練習しています。

エ　男の子はギターを練習しています。

③ (1) look forward to ～で「～を楽しみに待つ」。be 動詞があるので現在進行形にする。

(2)「さよなら」bye,「またね」See you.

(3)「もちろん」of course

(4)「どういたしまして」You're welcome.

④ すべて現在進行形の文。〈be 動詞＋動詞の ing 形〉の形にする。

(1)(4)そのまま ing をつける。

(2) ミス注意! m を重ねて ing をつける。

(3) e をとって ing をつける。

⑤ (1)(2)現在進行形の疑問文は，be 動詞を主語の前に置く。答えるときも be 動詞を使う。

(3)具体的な行動を答えている。「～は何をしていますか」は〈What＋be 動詞＋主語＋doing?〉で表す。

⑥ (1)前半は現在進行形なので「～している」とする。後半の can ～は「～することができる」。but「しかし」

(2)「どうしたのですか」What's up?

(3)前に be 動詞があるので，〈be 動詞＋動詞の ing 形〉の現在進行形にする。

(4) Sounds like ～. で「～のように聞こえる，思える」。主語 that が省略されている。

⑦「なんて～だろう!」と感動を表すときは〈How＋形容詞［副詞］＋!〉や〈What＋(a［an］＋)形容詞＋名詞＋!〉で表す。

⑧ (1)手紙などは〈Dear＋名前,〉「親愛なる～(名前)へ，」で書き始める。

(2) Get well soon!「早く元気になってね」

⑨ (1)現在進行形の文。主語 we は複数なので，be 動詞は are を使う。decorate(飾る)は最後が e で終わっているので，e をとって ing をつける。

(2)現在進行形の疑問文。be 動詞を主語の前に置く。

p.52 ～ p.53　予想問題

① (1)イ　(2)エ

② (1)Of course　(2)looking forward to

(3)What's happening

(4)are preparing　(5)Best wishes

(6)goodness

③ (1)am reading　(2)are making

(3)is playing　(4)are running

④ (1)they are　(2)See you

(3)welcome　(4)What is

⑤ (1)I'm taking

(2)あなたは何をしているのですか。

(3)writing　(4)Say something to Meg.

(5)Happy birthday

⑥ (1)I am［I'm］drinking coffee now.

(2)Mina is not practicing the piano.

(3)Are those girls singing together?

(4)What is［What's］Kenji doing?

(5)How interesting!

⑦ (1)We are［We're］watching［seeing］a movie.

(2)What a cute cat!

(3)Are you using the［that］computer?

(4)What is［What's］Eri doing?

解説

① (1) Is Yuri ～? には，Yes, she is. か No, she's not. で答える。ユリはテレビゲームをしている。

♪ A：Mom, is Yuri in her room?

B：Yes.

A：Is she studying?

B：No.　She is playing a video game.

Q：Is Yuri studying now?

訳 A：お母さん，ユリは自分の部屋にいるの？

B：ええ。

A：彼女は勉強しているの？

B：いいえ。テレビゲームをしているよ。

質問：ユリは今，勉強していますか。

(2) do ～'s homework「宿題をする」

♪ A : Are you free now?

B : No, I'm not.

A : What are you doing?

B : I'm doing my homework.

Q : What is the boy doing?

訳 A：あなたは今，ひま？

B：いや，ひまじゃない。

A：あなたは何をしているの？

B：ぼくは宿題をしているよ。

質問：男の子は何をしていますか。

② (1)「もちろん」of course

(2) be 動詞があるので現在進行形にする。look forward to ～「～を楽しみに待つ」

(3) what が主語の現在進行形の疑問文。happen「起こる」

(4)現在進行形の文。主語が複数なので be 動詞は are を使う。「準備する」は prepare。e をとって ing をつける。

(5)「よいお年を」Best wishes for the new year.

(6)「まあ！」と驚きを表すときは，Oh, my goodness! と言う。

③ 現在進行形は〈be 動詞＋動詞の ing 形〉で表す。be 動詞は主語に合わせて使い分ける。

(1)(3)そのまま ing をつける。

(2) e をとって ing をつける。

(4) ⚠️ミス注意！ n を 2 つ重ねて ing をつける。

④ (1)現在進行形の疑問文は，答えるときも be 動詞を使う。the students → they

(2) See you tomorrow.「また明日」

(3) You're welcome.「どういたしまして」

(4)〈What＋be 動詞＋主語＋doing?〉で「～は何をしていますか」という意味。the boy が主語なので be 動詞は is を使う。

⑤ (1)「撮っています」なので現在進行形にする。「ビデオを撮る」take a video

(2)今していることをたずねる現在進行形の疑問文。

(3) ⚠️ミス注意！ 前に be 動詞があるので，〈be 動詞＋動詞の ing 形〉の現在進行形にする。e をとって ing をつける。

(4)命令文は動詞で文を始める。say ～ to …「…に～を言う」

(5)「誕生日おめでとう」は Happy birthday.。

⑥ (1)現在進行形は〈be 動詞＋動詞の ing 形〉で表す。主語が I なので be 動詞は am を使う。

(2)現在進行形の否定文は，be 動詞のあとに not を置く。

(3)現在進行形の疑問文は，be 動詞を主語の前に置く。

(4) taking pictures「写真を撮っている」という行動をたずねるので，「何をしていますか」という疑問文に。

(5)〈How＋形容詞＋!〉で「なんて～だろう！」と感動を表す。

⑦ (1)現在進行形は〈be 動詞＋動詞の ing 形〉で表す。主語が we なので be 動詞は are を使う。watch[see] a movie「映画を見る」

(2)「なんて～だろう！」は〈What＋(a[an]＋)形容詞＋名詞＋!〉で表す。

(3)現在進行形の疑問文。主語が you なので be 動詞は are。use は e をとって ing をつける。

(4) what(何)で文を始め，現在進行形の疑問文の形を続ける。「する」を表す動詞は do。

Unit 9 ～ Stage Activity 2

p.56 ～ p.57 テスト対策問題

① (1)エ (2)ウ

② (1)いとこ (2)主な，主要な (3)子供

(4)村 (5)ボランティア (6)声 (7)work

(8)understand (9)money (10)late

③ (1)Do, best (2)listen to (3)right

(4)gets to (5)for, long time

④ (1)want to (2)need to

⑤ (1)What, want, do (2)What does, eat

⑥ (1)as, countries

(2)She always wants to help people in need.

(3)working

(4)at a small hospital in Kenya

⑦ (1)look (2)looks tired

⑧ (1)Excuse (2)looking for (3)along

(4)Let's (5)Pardon

⑨ (1)You look hungry.

(2)He tries to understand us.

(3)**Turn left at the traffic light.**

解説

1 (1)最後の発言を聞き取る。

♪ A : Let's go to the park.

   B : Sounds good.

   A : What do you want to do in the park?

   B : I want to play basketball.

   Q : Does the girl want to play badminton?

訳 A : 公園に行こう。

   B : よさそうね。

   A : 公園で何がしたい？

   B : バスケットボールがしたい。

   質問：女の子はバドミントンをしたがっていますか。

(2)最初の発言を聞き取る。

♪ A : I want to talk to Mr. Cook. Where is he?

   B : He is in the music room. He is singing songs with the students.

   A : I see. Thank you.

   B : You're welcome.

   Q : What does the boy want to do?

訳 A : 私はクック先生と話したいんです。彼はどこにいますか。

   B : 彼は音楽室にいます。彼は生徒たちと歌を歌っています。

   A : わかりました。ありがとう。

   B : どういたしまして。

   質問：男の子は何をしたがっていますか。

3 (1)「最善を尽くす」は do one's best。one's は my や your など「〜の」の形が入る。

(2)「〜を聞く」listen to 〜

(3)「そのとおり」That's right.

(4)「〜に着く」get to 〜

(5)「長い間」for a long time

4 (1)「〜したい」は〈want to＋動詞の原形〉。

(2)「〜する必要がある」は〈need to＋動詞の原形〉。

5 (1)what で文を始め，一般動詞の疑問文の形を続ける。

(2)主語が三人称単数なので，一般動詞の疑問文は does を使う。

6 (1)「〜として」は前置詞の as を使う。

country（国）の複数形は y を i にかえて es をつける。

(2)「〜したい」は〈want to＋動詞の原形〉で表す。「困っている」は名詞の need を使い in need で表す。

(3)前に be 動詞があるので，現在進行形〈be 動詞＋動詞の ing 形〉にする。

(4)there（そこで）は場所を表す語。「病院で」となるので場所を表す前置詞の at を使う。

7 「〜に見える」は〈look＋形容詞〉で表す。

(2)**ミス注意！** 主語 the man が三人称単数なので，look に s をつける。

8 (1)「すみません」Excuse me.

(2)「〜をさがす」は look for 〜。空所の前に be 動詞があるので現在進行形にする。

(3)「〜に沿って」along

(4)「ええと」Let's see.

(5)「何とおっしゃいましたか」Pardon me?

9 (1)「〜（のよう）に見える」は〈look＋形容詞〉で表す。

(2)「〜しようとする」は〈try to＋動詞の原形〉。主語 he が三人称単数なので，try を tries とする。

(3)命令文にする。「左へ曲がる」turn left,「信号」traffic light

ポイント
- 「〜したい」〈want to＋動詞の原形〉
- 「〜する必要がある」〈need to＋動詞の原形〉

p.58 〜 p.59　予想問題

1 イ

2 (1)Excuse me　(2)sure about

(3)in need　(4)in line　(5)want to listen

(6)cheers, up　(7)Pardon me

(8)be late for

3 (1)She doesn't like to sing.

(2)Let's go along this river.

(3)I need to get to the station

4 (1)children　(2)They look

(3)other hand

(4)They want to go to school

(5)水を集める，長い間川へ歩いていく

5 (1)We need to prepare the party.

(2)Do you want to dance on the stage?

(3)**What does Yuki want to do?**

(4)**The boys looked kind.**

⑥ (1)**Who is[Who's] your hero?**

(2)**What do you want to eat?**

(3)**I need your help.**

(4)**My sister looks busy.**

解説

① 道案内の対話。go along this street「この通りに沿って行く」 turn right at ～「～を右に曲がる」 on your left「左手に」

♪ A：Excuse me, where is the post office?

B：Go along this street. Turn right at the traffic light. You can see it on your left.

A：I see. Thank you.

訳 A：すみません，郵便局はどこですか。

B：この通りに沿って行ってください。信号を右に曲がってください。左手に見えます。

A：わかりました。ありがとう。

② (1)Excuse me. は道をたずねるときなどに「すみません」と声をかける表現。

(2)「～についてはよくわからない」I'm not sure about ～.

(3)「困っている」は in need。この need は名詞で「困っている状態」という意味。

(4)「1 列に並んで」in line

(5)「～したい」**want to ～**，「～を聞く」listen to ～

(6)「～を元気づける」cheer ～ up

(7)「何とおっしゃいましたか」Pardon me?

(8)「～におくれる」be late for ～

③ (1)「～するのが好き」は〈like to＋動詞の原形〉。主語が三人称単数の一般動詞の否定文は動詞の前に doesn't を置く。

(2)「～に沿って行く」は go along ～。「～しましょう」は〈Let's＋動詞の原形～.〉で表す。

(3)「～する必要がある」は〈need to＋動詞の原形〉で表す。「～に到着する」get to ～

④ (1)child(子供)の複数形は children。

(2)「～に見える」は〈look＋形容詞〉で表す。

(3)「他方では」on the other hand

(4)「～したがっている」want to ～

(5)3 行目～4 行目をまとめる。

⑤ (1)「～する必要がある」は〈need to＋動詞の原形～〉で表す。

(2)「～したいですか」は〈Do you want to＋動詞の原形～?〉で表す。

(3)「何をしたいですか」という疑問文にする。what で文を始め，一般動詞の疑問文の形を続ける。主語 Yuki は三人称単数なので，does を使う。

(4)「～のように見える」は〈look＋形容詞〉で表す。「見えた」なので過去形の looked を使う。

⑥ (1)「だれ」は who を使う。「ヒーロー」hero

(2)what(何)で文を始め，疑問文の形を続ける。「～したい」want to ～

(3)「～が必要だ」は need を使う。「助け」は名詞の help を使う。

(4)「～のように見える」は〈look＋形容詞〉で表す。主語が三人称単数なので，look に s をつける。

ポイント

・「～(のよう)に見える」〈look＋形容詞〉

・「～になる」〈get＋形容詞〉

Let's Read 1

p.61 テスト対策問題

① (1)～に[を]のぼる (2)～を選ぶ

(3)滞在する，泊まる (4)群集，人ごみ

(5)とにかく (6)日の出 (7)**foot** (8)**plan**

(9)**easily** ⑽**information**

② (1)**Guess** (2)**go up** (3)**Here[There] are**

(4)**on foot** (5)**Thanks for**

③ (1)**am reading** (2)**is practicing**

④ (1)**Which umbrella is yours?**

(2)**Which pen does he use?**

⑤ (1)**looks** (2)**getting**

解説

② (1)「あのね，何だと思う？」Guess what!

(2)「のぼる」go up

(3)「これは～です[ここに～があります]」は，Here are[is] ～. で表す。「～」に複数名詞がくるので are を使う。

17

(4)「〜に徒歩で[歩いて]行く」は go to 〜 on foot。walk to 〜も同じ意味。

3 現在進行形は〈be 動詞＋動詞の ing 形〉で表す。

(1)主語が I なので be 動詞は am を使う。

(2) Rika は三人称単数なので，be 動詞は is を使う。practice は e をとって ing をつける。

4 which 〜（どちらの[どの]〜）で文を始める。

(1) be 動詞の疑問文の形を続ける。

(2)主語が三人称単数の一般動詞の疑問文の形を続ける。

5 (1)「〜（のよう）に見える」〈look＋形容詞〉。

(2)「〜（の状態）になる」は **get** を使って表す。前に is があるので，〈be 動詞＋動詞の ing 形〉の現在進行形にする。

p.62 〜 p.63　予想問題

1 (1)ア　(2)エ

2 (1)Thanks for　(2)need to choose

(3)gets tired　(4)want to watch

(5)not taking　(6)looks delicious

(7)so crowded　(8)Probably[Maybe]

3 (1)I'm looking forward to the concert.

(2)Are you enjoying the practice?

(3)Which picture do you like?

4 (1)あのね，何だと思う？

(2)planning　(3)interested

(4)Here are the details of the four trails

(5)on foot

(6)It has eighteen[18] (mountain huts).

5 (1)The girl is running in the park now.

(2)The boy looks sad.

(3)She tries to play the trumpet.

解説

1 (1)「宿題をする」do one's homework

♪ A : What are you doing, Bob?

B : Hi, Emi. I'm doing my math homework.

A : I like math. How about you?

B : I don't like it. I like history.

Q : Which subject does Emi like?

訳 A : あなたは何をしているの，ボブ。

B : やあ，エミ。数学の宿題をしているんだ。

A : 私は数学が好き。あなたはどう。

B : ぼくは好きじゃない。ぼくは歴史が好きだよ。

質問：エミはどの教科が好きですか。

(2)〈be 動詞＋動詞の ing 形〉は「〜している」という意味。**need to** 〜「〜する必要がある」

♪ A : Mom, you look busy.

B : Yes. I'm cooking dinner, and I need to buy some eggs for dinner.

A : I can go to the supermarket and buy eggs.

B : Really?　Thank you.

Q : What is the mother doing?

訳 A : お母さん，忙しそうだね。

B : ええ。私は夕食を料理していて，その夕食のために卵を買う必要があるの。

A : ぼくがスーパーマーケットに行って卵を買えるよ。

B : 本当？　ありがとう。

質問：母親は何をしていますか。

2 (1) Thanks for 〜.「〜をありがとう」

(2)「〜する必要がある」〈need to＋動詞の原形〉

(3) ミス注意！「疲れる」→「疲れた状態になる」は **get** tired。主語が三人称単数なので，get に s をつける。

(4)「〜したがっている」は〈want to＋動詞の原形〉で表す。

(5)現在進行形の否定文。take pictures で「写真を撮る」。take は e をとって ing をつける。

(6) ミス注意！「〜（のよう）に見える」は〈look＋形容詞〉で表す。主語 the cake は三人称単数なので look に s をつける。

(7)「そんなに〜ではない」は not so 〜で表す。

(8)「たぶん」probably

3 (1)「〜を楽しみに待つ」look forward to 〜

(2)現在進行形の疑問文は be 動詞を主語の前に置く。この practice は名詞で「練習」という意味。

(3) which 〜（どちらの〜）で文を始め，一般動詞の疑問文の形を続ける。

4 (1) Guess what!「あのね，何だと思う？」

(2)前に I'm があるので，plan を動詞の ing 形にして現在進行形の文を作る。n を 2 つ重ねることに注意。

(3)「興味を持っている」interested

(4)「これが〜です[こちらに〜があります]」
Here are 〜. 「A の B」B of A

(5)「徒歩で」on foot

(6)質問は「吉田ルートにはいくつの山小屋がありますか」という意味。表の Yoshida Trail の Number of Mountain Huts のところを読み取る。

⑤ (1)現在進行形〈be 動詞＋動詞の ing 形〉の文にする。run は n を 2 つ重ねて ing をつける。

(2)「〜のように見える」は〈look＋形容詞〉で表す。主語が三人称単数なので，look に s をつける。

(3) ✗ミス注意! 「〜しようと試みる」は〈try to＋動詞の原形〉。try を三人称単数現在形 tries にかえ，to のあとの play は原形にする。

Unit 10 〜 Let's Write 2

p.66〜p.67 テスト対策問題

1 イ → ア → エ → ウ

2 (1)もの，こと (2)演技，演奏，公演
(3)早く (4)劇場，映画館 (5)俳優
(6)それぞれの，各自の (7)feel
(8)parent (9)traditional (10)special

3 (1)full of (2)each other (3)a lot
(4)gets up (5)at home

4 (1)practiced (2)opened (3)brought
(4)tried (5)watched (6)felt

5 (1)①spent ②took ③ate
(2)Many people came and stood near
(3)私たちはみないっしょに新年まで秒読みしました。

6 (1)did not visit (2)didn't have[eat]

7 (1)Did, play / I did
(2)Did, see / she didn't

8 (1)am in (2)of yourself

9 (1)I enjoyed the actor's performance.
(2)Did your father make a cake? /
Yes, he did.

解説

1 (1)ジョギングする→朝食を食べる→宿題をする→妹とテレビゲームをする，の順に並べる。

♪ Last Sunday, I got up at eight. I went to the park and jogged there. After that, I ate breakfast. And I did my homework. I played a video game with my sister after dinner.

訳 この前の日曜日，私は 8 時に起きました。私は公園に行って，そこでジョギングをしました。そのあと，私は朝食を食べました。そして宿題をしました。夕食後に妹とテレビゲームをしました。

3 (1)「〜でいっぱいである」be full of 〜
(2)「たがい(に)」each other
(3)「たいへん，とても」a lot
(4)「起きる」get up (5)「家で」at home

4 すべて動詞を**過去形**にする。
(1)規則動詞。e で終わる語は **d** をつける。
(2)(5)規則動詞。ふつうは **ed** をつける。
(3)(6)不規則動詞。bring → brought
feel → felt
(4)規則動詞。〈子音字＋y〉で終わる語は，y を i にかえて **ed** をつける。

5 (1)いずれも不規則動詞。① spend → spent，② take → took ③ eat → ate
(2)主語は many people。動詞は「来た」→「立っていた」の順に and を使って並べる。「〜の近くに」near 〜
(3)count down「秒読みする」，to 〜「〜まで」

6 ✗ミス注意! 一般動詞の過去の否定文は，〈主語＋did not[didn't]＋動詞の原形〜.〉で表す。

7 ✗ミス注意! 一般動詞の過去の疑問文は，〈Did＋主語＋動詞の原形〜?〉の形にする。答えの文でも did を使う。

8 (1)「〜にいる」は〈be 動詞＋in 〜〉で表す。
(2)take care of 〜 で「〜をだいじにする」という意味。Take care of yourself. で「あなた自身をだいじにして」→「体に気をつけて」という意味。

9 (1)enjoy は規則動詞。過去形は enjoyed。
(2)過去の疑問文。did を主語の前に置き，動詞は原形を使う。答えの文では，my father を he にかえる。

19

1 (1)イ (2)エ

2 (1)counted down (2)fell down
(3)for, first time
(4)Take care, yourself
(5)three times (6)Nothing special

3 (1)stayed (2)said (3)felt (4)didn't

4 (1)they did (2)did not (3)came

5 (1)あなたは元日に何をしましたか。
(2)got up, went (3)Did, eat[have]
(4)we didn't (5)⑤made ⑥brought

6 (1)We traveled to Okinawa last winter.
(2)Masato did not[didn't] bring his racket to school.
(3)Did your sister ski last week?
(4)Where did Sana live?

7 (1)Did you see the firework(s)?
(2)I took this picture yesterday.
(3)My brother is in Hiroshima now.

解説

1 (1)男の子の最初の発言で，「昨夜テレビを見たか」という質問に No で答えている。
♪ A : Did you watch TV last night?
　 B : No, I didn't.
　 A : What did you do?
　 B : I listened to music. I enjoyed it.
　 Q : Did the boy enjoy watching TV?
訳 A : あなたは昨夜テレビを見た？
　 B : ううん，見なかったよ。
　 A : あなたは何をしたの？
　 B : 音楽を聞いたんだ。ぼくはそれを楽しんだよ。
　 質問：男の子はテレビを見て楽しみましたか。
(2)エリの最後の発言に祖母とカレーを作ったとある。
♪ A : Eri, what did you do last Sunday?
　 B : I visited my grandmother. We ate lunch together.
　 A : What did you eat?
　 B : We ate curry. I cooked it with my grandmother.
　 Q : What did Eri cook last Sunday?
訳 A : エリ，あなたはこの前の日曜日に何をし

たの？
　 B : 私は祖母を訪ねたわ。私たちはいっしょに昼食を食べたの。
　 A : あなたたちは何を食べたの？
　 B : カレーを食べたわ。私は祖母とそれを料理したの。
　 質問：エリはこの前の日曜日に何を料理しましたか。

2 (1)「秒読みする」は count down。過去の文なので，count に ed をつける。
(2)「倒れる」は fall down。fall の過去形は fell。
(3)「はじめて」for the first time
(4)「体に気をつけて」Take care of yourself.
(5)〈数字＋time(s)〉で「～回」と回数を表す。
(6)「何も～ない」という意味の **nothing** を使う。 **-thing** で終わる語は形容詞を後ろに置く。前に **I did** が省略されている。

3 (1)規則動詞。ed をつける。
(2)(3)不規則動詞。say → said，feel → felt
(4)一般動詞の過去の否定文は，didn't を使う。

4 (1)一般動詞の過去の疑問文に答えるときは，〈Yes，主語＋did.〉や〈No，主語＋did not[didn't].〉を使う。the boys は複数なので they にかえる。
(2)一般動詞の過去の否定文は動詞の前に did not を置く。
(3)疑問文で did を使っているので過去の文。come を過去形 came にかえる。

5 (1)what(何を)で始まる過去の疑問文。〈on＋特定の日〉で「～(特定の日)に」という意味。New Year's Day「元日」
(2)「起きる」は get up。過去の文なので，get の過去形 got を使い，「行く」は go の過去形 went を使う。
(3)一般動詞の過去の疑問文は〈Did＋主語＋動詞の原形～?〉で表す。
(5)動詞を過去形にする。いずれも不規則動詞。
⑤ make → made ⑥ bring → brought

6 (1)last winter(この前の冬)は過去を表す語句。動詞 travel を過去形 traveled にする。
(2)⚡ミス注意! brought は bring の過去形。一般動詞の過去の否定文は did not[didn't]を動詞の前に置き，動詞は原形を使う。

(3) ✕ミス注意! skied は ski の過去形。一般動詞の過去の疑問文は did を主語の前に置き，動詞は原形を使う。

(4) ✕ミス注意! lived は live の過去形。場所をたずねる一般動詞の過去の疑問文。where で文を始め，疑問文の形を続ける。動詞は原形を使う。

7 (1)一般動詞の過去の疑問文は〈**Did＋主語＋動詞の原形～?**〉で表す。「花火」firework(s)

(2)「この写真を撮る」は take this picture。過去の文なので，take の過去形took を使う。

(3)「～にいる」は〈be動詞＋in ～〉で表す。主語 my brother は三人称単数で現在の文なので，be動詞は is を使う。

ポイント
- 規則動詞の過去形は d または ed をつける。
- 不規則動詞はそれぞれ覚える。
- 過去の疑問文は〈Did＋主語＋動詞の原形～?〉で表す。
- 過去の否定文は〈主語＋did not[didn't]＋動詞の原形～.〉で表す。

Unit 11 ～ Stage Activity 3

p.72～p.73 テスト対策問題

1 ウ

2 (1)屋外の，野外の (2)負ける (3)シャワー (4)写真 (5)～に対抗して，反対して (6)ほかの，別の，ちがった (7)kitchen (8)these (9)album (10)half

3 (1)brings back (2)won first (3)pleasure (4)behind me

4 (1)was (2)were (3)Were / was (4)was

5 (1)ア (2)イ (3)ア / ア (4)イ

6 (1)Is there (2)②are ④was (3)set up (4)私たちは(いくらかの)ごみを拾い上げました

7 (1)was playing (2)Were you / wasn't

8 (1)What would (2)I'd like

9 (1)There is[There's] a bag on the chair.
(2)My heart was beating fast before the game.
(3)Was the boy running then?

解説

1 There is[are] ～. で「～がある」という意味。How about ～?「～はどうですか」

🎵 A：Is there a library in your town?
　B：Yes, and there are two parks near it.
　A：Wow! How about a zoo?
　B：No, there's no zoo. But there is a museum.

訳 A：あなたの町に図書館はある?
　B：うん，その近くに2つ公園があるよ。
　A：わあ!　動物園はどう?
　B：ううん，動物園はないよ。でも美術館はあるよ。

3 (1)「～を思い出させる」は bring back。主語 this song が三人称単数なので，bring に s をつける。

(2)「1位を勝ち取る」は win first place。過去の文なので，win の過去形won を使う。

(3)「どういたしまして」My pleasure.

(4)「～の後ろに」は behind ～。代名詞は「～を[に]」の形を使う。

4 be動詞の過去形は am, is は was, are は were になる。疑問文は was[were]を主語の前に置き，答えの文でも was[were]を使う。否定文は was[were]のあとに not を置く。

5 There is[are] ～. の文は「～」の部分の名詞が主語。

(1)a park が単数の主語 → is

(2)two dogs が複数の主語 → are

(3)a Japanese restaurant が単数の主語 → is

(4)two bikes が複数の主語で, then(そのとき)があるので過去の文 → were

6 (1)「～がありますか」は There is[are] ～. の疑問文で表す。be動詞を there の前に置く。

(2)②空所のあとの showers and outdoor kitchens が複数の主語で現在の文なので are を使う。

④ some trash が主語。trash は数えられない名詞。数えられない名詞は単数として扱う。そして過去の文なので was を使う。

(3)set up で「建てる」。set の過去形は set。

(4)pick ～ up で「～を拾い上げる」。it は文の前半の some trash を指す。

7 (1)now(今)を then(そのとき)にかえるので，

過去進行形の文にする。is を was にする。

(2) ⚠️ミス注意! 過去進行形の疑問文は主語の前に be 動詞を置く。主語が you なので were を使う。答えるときも be 動詞を使う。主語が I になるので was を使う。

8 (1)**What would you like?**(何になさいますか)はレストランなどで店員が注文を聞くときの表現。

(2)**I'd like ～.**(～をお願いします)は客が注文するときの表現。I'd は I would の短縮形。

9 (1)「～があります」は **There is[are] ～.** で表す。「1つ」なので is を使う。「～の上に」on ～

(2)「どきどきする」は動詞 **beat** を使う。「～していた」は過去進行形〈was[were]＋動詞の ing 形〉で表す。「～の前に」before ～

(3) ⚠️ミス注意! 「～していましたか」は過去進行形の疑問文。主語が the boy なので was を使う。run は n を重ねて ing をつける。

ポイント
- 過去進行形は〈was[were]＋動詞の ing 形〉で表す。

p.74 ～ p.75 予想問題

1 (1)ア (2)ウ

2 (1)picked up (2)job (3)There's
(4)lost (5)Would, like / No, thank
(6)At first (7)on, way

3 (1)Is there a museum in this
(2)It was not cold
(3)Where were they eating lunch?
(4)They were not listening to music

4 (1)あなたは何をしていたのですか。
(2)playing
(3)Were you looking for me?
(4)a photo album (5)bring back

5 (1)He was busy yesterday.
(2)There are three erasers on the desk.
(3)Were those questions difficult?
(4)The girls were dancing together.

6 (1)Were you sad then?
(2)There are many[a lot of, lots of] students in the classroom.
(3)The children were singing on the stage.

(4)**What was your sister doing?**

解説

1 (1)母親の発言に I was playing tennis(私はテニスをしていた)とある。

♪ A：Mom, you weren't at home around 10 a.m.
B：I was playing tennis with my friends.
A：That's good. Was it fun?
B：Yes, very much.
Q：Was the boy's mother playing tennis around 10 a.m.?

訳 A：お母さん，あなたは午前10時ごろ家にいなかったね。
B：友だちとテニスをしていたのよ。
A：いいね。楽しかった？
B：うん，とっても。
質問：男の子の母親は午前10時ごろテニスをしていましたか。

(2)スーパーマーケットは近くにないが，コンビニエンスストアならレストランの近くにあり，行き方を説明している。

♪ A：Excuse me. Is there a supermarket near here?
B：No. But there is a convenience store.
A：Where is it?
B：Turn left at that restaurant. You can see it.
Q：Is there a convenience store near the restaurant?

訳 A：すみません。この近くにスーパーマーケットはありますか。
B：いいえ。でもコンビニエンスストアはあります。
A：それはどこですか。
B：あのレストランのところを左に曲がってください。それが見えます。
質問：レストランの近くにコンビニエンスストアはありますか。

2 (1)「～を拾い上げる」は pick up ～。「～」の部分が代名詞のときは pick ～ up の語順にする。
(2)Good job.「よくやった」
(3) ⚠️ミス注意! 「～がある」は **There is ～.** で表すが，ここでは空所が1つなので短縮形

there's を使う。

(4) lose(負ける)の過去形は lost。

(5) Would you like to ～? は「～するのはいかがですか」とすすめる表現。「いいえ，結構です」No, thank you.

(6)「最初は」at first

(7)「～へ行く途中で」は on one's way to ～ で表す。one's は my などの「～の」の形。

3 (1)「～はありますか」は Is[Are] there ～? で表す。

(2)天候を言うときは it を主語にする。過去の文なので be 動詞は was を使い，否定文なのでそのあとに not を置く。

(3) where(どこで)で文を始め，過去進行形の疑問文の形〈was[were]＋主語＋動詞の ing 形〉を続ける。

(4)過去進行形の否定文は was[were]のあとに not を置く。

4 (1) what を含む過去進行形の疑問文。

(2)前に was があるので，play に ing をつけ，過去進行形にする。

(3)過去進行形の疑問文は be 動詞を主語の前に置く。「～をさがす」は look for ～。

(4) this は手もとにあるものを指す。ここでは，すぐあとの a photo album のこと。

(5)「思い出させる」bring back

5 (1) be 動詞 is を過去形 was にかえる。

(2) an(1 つの)を three(3 つの)にかえるので，名詞を複数形にし，be 動詞は are にする。

(3) be 動詞の疑問文は，be 動詞を主語の前に置く。

(4) ミス注意! 過去進行形は was[were] ～ing で表す。主語が複数なので were を使う。dance は e をとって ing をつける。

6 (1) be 動詞の過去の疑問文。you が主語なので，were を使う。

(2)「～がいる」は There is[are] ～. で表す。many students が複数の主語なので are を使う。

(3)過去進行形の文。the children が複数の主語なので were を使う。

(4) what で文を始め，過去進行形の疑問文の形を続ける。your sister が単数の主語なので be 動詞は was を使う。

p.77　テスト対策問題

1 (1)ひとりぼっちの，さびしい

(2)(～を)通り過ぎる　(3)金持ちの，裕福な

(4)～になる　(5)poor　(6)sell

2 (1)One day　(2)got out　(3)Thanks to

3 (1)could swim　(2)could not meet

4 (1)I gave some flowers to Lily.

(2)Show your cat to me.

5 (1)didn't, any　(2)Don't, anything

(3)didn't, anyone

6 (1)Mr. White teaches English to them.

(2)They could not play baseball yesterday.

解説

2 (1)「ある日」one day

(2)「～から出る」は get out of ～。過去の文なので get を got にする。

(3)「～のおかげで」thanks to ～

3 ミス注意! (1) can の過去形は could。

(2)〈could not＋動詞の原形〉で「～(することが)できなかった」という意味を表す。

4 (1)〈give＋もの＋to＋人〉で「(もの)を(人)にあげる」。gave は give の過去形。

(2)命令文〈show＋もの＋to＋人〉で「(もの)を(人)に見せる」。

5 (1)一般動詞の過去の否定文なので，didn't を使う。「少しの～もない」は not … any ～ で表す。

(2)否定の命令文は don't で文を始める。「何も～ない」not ～ anything で表す。

(3)一般動詞の過去の否定文なので，didn't を使う。「だれも～ない」は not ～ anyone で表す。

6 (1)「(もの)を(人)に教える」は〈teach＋もの＋to＋人〉で表す。主語が三人称単数なので，teach に es をつける。

(2)「～することができなかった」は〈could not＋動詞の原形〉で表す。

ポイント

・can の過去形は could。否定形は could not。

・「(人)に(もの)を～する」は〈動詞＋もの＋to[for]＋人〉で表す。

1 (1)イ (2)エ

2 (1)away (2)told, about
(3)thousand dollars (4)bought
(5)without (6)smiled
(7)could not remember (8)Thanks to

3 (1)Mr. Tanaka teaches history to the students.
(2)I could see beautiful stars here.
(3)He didn't drink anything.

4 (1)no, around (2)One day
(3)③selling ④dropped ⑥could
⑦thought
(4)彼は何も言わず，歩き去りました
(5)He became very important to her.

5 (1)I didn't have any time then.
(2)The man showed a map to me.
(3)I could not help you yesterday.

6 (1)He could not get out of the car.
(2)I gave a card to Bob.
(3)I did not[didn't] say anything.
[I said nothing.]

解説

1 (1)Tシャツは女の子が母親からもらったもの。
🎵 A：Your T-shirt is nice.
　B：Thanks. It was a birthday present. My mother gave it to me yesterday.
　A：Was it your birthday?
　B：Yes!
　Q：Did the boy give the T-shirt to the girl?
訳 A：きみのTシャツ，いいね。
　B：ありがとう。誕生日プレゼントだったの。昨日，母がくれたの。
　A：きみの誕生日だったの？
　B：うん！
　質問：男の子はTシャツを女の子にあげましたか。
(2)男の子は最後の発言で試合に勝てなかったと言っている。
🎵 A：What did you do last Sunday?
　B：I had a soccer game.
　A：Oh, was it fun?

　B：Yes. My team didn't win. But I enjoyed the game.
　Q：Did the boy's team win the game?
訳 A：あなたはこの前の日曜日に何をしたの？
　B：サッカーの試合があったんだ。
　A：ああ，楽しかった？
　B：うん。私のチームは勝たなかったよ。でも私は試合を楽しんだよ。
　質問：男の子のチームは試合に勝ちましたか。

2 (1)「歩き去る」は walk away。
(2)「〜について(人)に話す」は〈tell＋人＋about 〜〉で表す。tell を過去形 told にする。
(3) ⚠ミス注意! 「1,000ドル」はドルが複数なので，dollars と複数形にする。
(4) buy(買う)の過去形は bought。
(5)「〜なしで」without 〜
(6)「ほほえむ」は smile。d をつけて過去形にする。
(7)「〜することができなかった」could not 〜
(8)「〜のおかげで」thanks to 〜

3 (1)「(人)に(もの)を教える」は〈teach＋もの＋to＋人〉で表す。
(2)「(することが)できた」は could。
(3) not 〜 anything「何も〜ない」

4 (1)no 〜で「1つも〜ない」という意味。「歩き回る」walk around (2)「ある日」one day
(3)③前の was は blind とこの語の両方にかかっている。「売っていた」と過去進行形にする。④⑥⑦は過去形にする。④ p を重ねて ed をつける。 ⑦ think の過去形は thought。
(5)「〜になる」は〈become＋名詞[形容詞]〉で表す。過去の文なので過去形 became。

5 (1) ⚠ミス注意! no 〜は「少しも〜ない」。not … any 〜でほぼ同じ意味を表す。
(2)to me を最後につけ加えて，〈show＋もの＋to＋人〉で「(人)に(もの)を見せる」。
(3) ⚠ミス注意! cannot を過去形 could not に。

6 (1)「〜することができなかった」は〈could not＋動詞の原形〉で表す。「〜から出る」は get out of 〜を使う。
(2)「(人)に(もの)をあげる」は〈give＋もの＋to＋人〉で表す。give を過去形の gave にする。